富豪に仕える

Alizée Delpierre

Servir les riches

Les domestiques chez les grandes fortunes

華やかな消費世界を支える陰の労働者たち

アリゼ・デルピエール
ダコスタ吉村花子 訳

新評論

Cet ouvrage a bénéficié du soutien du Programme d'aide à la publication de l'Institut français.
本作品はアンスティチュ・フランセ パリ本部の翻訳出版助成プログラムの助成を受けています。

Alizée Delpierre
SERVIR LES RICHES
Les domestiques chez les grandes fortunes

富豪に仕える◆目次

＊原註のうち、本文内に付されたものは「＊a」以下のアルファベット小文字で示し、脚注とした。出典等を示す註は丸括弧付きのアラビア数字で番号を示し、内容は巻末に章ごとに掲載した。訳者による註や補足は本文中に〔　〕で示した。

人生の最初の時期と本書の最初の時期が重なったテルマへ
美しい筆跡のクロエへ

序論

二〇一二年九月、火曜日。午後二時前後。私はジュヌヴィエーヴとパリ八区のアパルトマンで会う約束をしていた。この界隈に来るのは初めてだ。堂々とした華麗な街並みに気後れし、歩道の清潔さに目を奪われたが、飼い犬と似た装いの女性たち（その逆なのかもしれない）を眺めたり、平日なのに洒落たブラッスリーでスモークサーモントーストを食べるビジネスマンを観察したりするのは面白かった。早めに到着して、ふと思った。何かプレゼントを持っていくべきだろうか。カフェで会うというのならそんな疑問もわかないが、今回は彼女の家で会うのだから話は別だ。私は近くの高級チョコレート店に寄った。客は私だけのようだ。制服を着た三人の女性店員に微笑みかけられては、踵を返すわけにもいかない。私は何も考えずに、驚くような値段の中サイズの詰め合わせを買い、金色に光る小さな紙袋がシワにならないよう、そっとカバンに滑り込ませた。採用面接のために家に招いてくれたお礼に贈ろう。そう私は考えた。

待ち合わせの時間までにまだ一五分ある。訪ねるには早すぎるし、どうするか迷うには遅すぎる。私は落ち着かない気持ちで建物の入り口で時間を潰し、二時きっかりにインターホンを鳴らした。暗証番号付きドアとインターホンを三度通り過ぎて、ようやくエレベーターに乗り、四階へ向かう。すべてが美しい。私の趣味とは違うが、建物には古いものが持つ美しさ、高価な美しさがあふれていた。

その数日前、私は電話でジュヌヴィエーヴの娘カトリーヌと話した。カトリーヌは夫と子ども二人と中国にいるが、パリに住む母に会ってほしいと言う。一年の半分を中国で過ごすカトリーヌ一家は、パリにいるときに子どもの世話をするナニー[*a]を探していた。そこでジュヌヴィエーヴが、私が孫のナニーとして「適任」か否かを判断することになったのだ。

エレベーターの扉が開き、アパルトマンのドアの前に立つ。私は全身黒ずくめで、白い真珠のイヤリングをつけていた。プラスチック製のフェイク真珠だが、本物らしく見える。趣味の点でヘマをしたくはなかった。ベルを鳴らした瞬間、逃げたくなったが、小走りする音が聞こえ、鍵が二、三度回されて、二つの錠を外す音がし、扉が開いた。かけられていた黒いカーテンがさっと引かれ、目の前に小柄な女性が現れた。グレーと白の服を着ている。私は「こんにちは」と微笑み、手を差し出した。

彼女は手を握る代わりに無表情に私を見つめ、頭を軽く下げて会釈した。どうやら彼女についていかねばならないようだ。彼女は私をとても広い客間《サロン》に通し、ソファを勧めた。待たされたのはほんの一分間だったが、永遠にも思われた。彼女はティーカップを乗せたお盆を持ってきて、私の前のティーテーブルに置いた。家に招いてくれたお礼を言おうとする私に、「マダムはもう少ししたらいらっしゃいます」と言った。つまり目の前にいる女性はジュヌヴィエーヴではなくて、彼女の使用人なのだ。

使用人は現代にも存在する

女中《ボンヌ》（日本語でもそうだが、フランス語の bonne（女中）という言葉にも差別的な響きがある）の名はジェレナといった。六〇代のポーランド人で、私が初めて会ったフルタイムで働く「本物の」女中だ。私にとって女中はオクターヴ・ミルボーのセレスティーヌ（『小間使の日記』）、エミール・ゾラのアデル（『ごった煮』）、バルザックのナノン（『人間喜劇』）、フローベールのフェリシテ（『三つの物語』）など、小説の中の人物でしかなかっ

＊a　多くの富豪たちは、子どもの世話係を指すのに英語の「ナニー（nanny）」という言葉を使う。人気の高いイギリスの子守りを指し、国際化、洗練の印でもある。富豪はフランス語で乳母を意味する「ヌヌー」とか「ベビーシッター」の代わりに「ナニー」という言葉を使うことで、自分たちは質のよい人物しか雇わないことを表明しているのだ。

た。過ぎ去った時代の人間、架空の人物、ブルジョワ的まなざしの産物、作家たちが庶民階級の女性たちに投影する幻想。私にとって女中とはそういう存在だった。しかしジェレナがジュヌヴィエーヴの女中だという事実を意識するや、目の前に一つの世界が開けた。富豪の使用人たちの世界だ。これこそが私の博士課程の研究テーマである。

フィガロ紙のある記者は、二〇一八年の黄色いベスト運動〔燃料税引き上げをきっかけにフランス全土に波及した政府への抗議運動〕についての記事の中で、「このベストは執事や召使、労働者、『使用人《ドメスティック》』が着ていたベストを想起させる。後者の呼び方は二〇世紀半ばまで使われていたが、今では礼節の点から使用を禁じられている。かつて『テット・ド・ネーグル〔黒人の頭〕』と呼ばれていたお菓子を『ムラング・ショコラテ〔チョコレートメレンゲ〕』と呼ばねばならないのと同様である」(1)と書いている。だが使用人たちは消滅するどころか、現在でも「使用人《ドメスティック》」と呼ばれて存在している。確かに「使用人」は国の制度や統計学の洗練された言語体系の中では、もはや時代遅れの名称だ。現在は家庭内サービス業を指す言葉として、「家庭内補佐《エイド・オ・ドミシル》」「家事手伝い《エイド・メナジエール》」「家庭内女性労働者《トラヴァイユーズ・ファミリアル》」（フランス国立統計経済研究所の一覧表に表記されている職業563b）、「家庭内被雇用者《アンプロワイエ・ド・メゾン》」「家庭内従業員《ペルソネル・ド・メナージュ》」（563c）などの名称が使われている。だが私が調査を通して会った富豪は、口をそろえて「使用人《ドメスティック》」と呼ぶ。語彙の変化は現代におけるサービス業の変遷を映すと同時に、富豪のもとでフルタイムで働く使用人という身分が根強く残っていることを隠してもいる。したがってこの言葉を使うことは時代錯誤でもなければ、地位向上を求める世界各地の家事労働者の戦いを軽視しているわけでもない。(2) 彼ら彼女らを陰の存在に押しとどめているもの──家庭内労働、家庭《ドミュス》(ラテン語。使用人《ドメスティック》の語源)を維持するためのあらゆる家事、そしてそこに存在する身体──を可視化する唯一の言葉が使用人《ドメスティック》なのだ。

私が会った使用人のほとんどは女性だ。*b 多様な技能を持つマルチタスク使用人もいれば、女中頭、小間使い、料理人、ナニー、リネン類管理といった特定の分野に特化した使用人もいる。*c 彼女たちの多くは一～三人の子どもがおり、半数は既婚者で、残り半数は独身か同棲中である。一方、執事、召使、料理長、運転手として勤める男性たちもいる。*d 男性たちはたいてい子どもがいないか、いたとし

---

*b　そのため、本書では私が会った八六人の使用人たちを総称する際、一律に女性形「彼女たち」を使っている(翻訳ではこの限りではない)。筆者が調査を通して会った使用人たちのうち七二パーセントが女性だった。
*c　女性使用人のうち、三六パーセントがマルチタスク、一七パーセントが女中頭、三三パーセントがナニー、付き添い女性、料理人、小間使いだった。
*d　男性使用人のうち、七四パーセントが執事、一二パーセントが運転手、四パーセントが料理人、ボーイ、マルチタスクだった。

ても一人だけで、半数以上が独身だ。富裕層の家では、使用人たちはフルタイム——少なくとも一日八〜一〇時間、ほとんどの場合一〇時間以上——で働き、家事のみならず家庭生活に関わる様々なことを処理し、絶え間なく指示を受け、あらゆる（あるいはほとんどの）希望に応える。少数の例外は別として、彼女たちは雇用主の家か、同じ建物内、敷地内、地区内、町内など近所に住み、フルタイムで一人あるいは複数で働く。フランスにはこうした女性が数千人存在する。正確な数を把握するのは不可能だが（彼女たちはかならずしも被雇用者として申告されているわけではなく、労働時間の半分しか申告されていなかったり、職種を正確に特定できないような名目で申告されていたりする）、典型的ニッチ産業部門に属しており、[*e] 特化した派遣所があって、最富裕層を想定したラグジュアリー研修も用意されている。

最富裕層の家庭は女性と男性からなり、ほとんどが異性愛者《ヘテロセクシュアル》で、たいてい子どもがおり、[*f] 毎日朝から晩まで、時には夜間も自宅で使用人を働かせている。使用人を指示するのは女性、支払いを担当するのは夫だ。[*g] 雇用主は朝起きると、念入りに準備された朝食をとり、たたまれて椅子の上にセットされた服を着る。子どもたちは髪を整えられ、ナニーが学校に連れて行ってくれるのを待つ（運転手がいる場合もある）。夜になり、会社、スポーツジム、スパ、オープニングセレモニーから帰宅すると、ソファでくつろいだり、温かい風呂に入ったり、布団にくるまったりして安穏を享受する。家はつねに清潔で、片付いていて、いい香りがし、冷蔵庫には食料がたっぷりと入っていて、子どもたちはぐっすりと眠っている。

由緒ある貴族の末裔、裕福なジュヌヴィエーヴも四五年以上、つねにジェレナのような使用人たちの世話を受けて、特権的な生活を送ってきた。ジェレナは三〇年にわたって家事、アイロンがけ、買い物、料理、孫たちのおやつ、裁縫、ありとあらゆる注文への対応、女主人の身支度や就寝や起床、着替えの手伝いをしてきた。彼女はジュヌヴィエーヴの部屋の隣で寝起きし、必要とあらば真夜中にも呼び出される。独身のジェレナにとっては、ジュヌヴィエーヴと娘のカトリーヌ、孫たちが唯一の家族で、一家に大きな愛着を抱いている。彼女は敬虔なカトリック教徒で、仕事と住まいを与えてく

＊e　私が行った調査の一部は、こうした派遣所や富豪向け執事養成学校に関するもので、私自身もフランス、オランダ、中国、南アフリカで二〜三週間の使用人養成コースに参加し、生徒たちの実生活を体験した。このテーマは本書では扱っていないが、富豪の使用人についての理解が深まり、本書で展開する分析に大きく貢献した。

＊f　調査に参加した富豪の六割強が女性で、九四パーセントがパートナーと生活しており、九五パーセント近くが一人ないしは複数の子どもがいる。

＊g　富豪の男性たちと使用人たちとの金銭的関係は、主に使用人関係を管理する妻たちの陰に隠れてはいるが、本書で富豪に言及する際に「使用人の雇用者（パトロン）」という男性名詞が使われることがその金銭的関係性を示唆している。こうした叙述法の目的は女性雇用主たちの不可視化ではなく、彼女たちの社会環境では、使用人研究で存在しないに等しい男性たちが妻の協力のもと、あるいは協力なしに、家庭の経済資本を管理している現実を示すことにある。

れた神に毎日感謝している。成人してすぐフランスにやってきたが、滞在許可証も学歴もなく、一言のフランス語さえ話せなかった。礼拝で出会ったポーランド人女性が「いい仕事」を見つけてあげると約束して、パリの瀟洒な地区に紹介してくれた。以来、ジェレナはモンソー公園や凱旋門の近くに位置するジュヌヴィエーヴのアパルトマンに住み続けている。

金色の手すりの陰で

こうした地区を訪れる人は、使用人たちが住んでいるなどとは思いもしないだろう。男女の使用人の特徴の一つが人の目につかない形で、パリの高級アパルトマンや邸宅、地方の古城、南フランスの屋敷、そしてジュヌヴィエーヴのような大富豪がバカンスを過ごす世界各地の広大な別荘の扉の向こうに住んでいることだ。彼らは黙して語らず、家庭の秘密を守りながら働く目に見えない存在だ。人知れぬ富豪の世界では、かなり昔から使用人の数で「名家」の富が計られてきた。一九世紀フランスの平均的中産階級家庭には一人ないしは二人、裕福な中産階級家庭には三人、地方貴族には四〜一〇人、そしてもっとも裕福な家庭には数十人の使用人がいた。(3) きわめて裕福な家庭は華々しさを誇示して競い合い、使用人もこれを演出していた。だが彼らのそもそもの仕事は、広大な所有地の手入れだった。(4)

二〇世紀になると、一部の富豪の資産が減少したことで、とりもなおさずそこで働いていた使用人たちの数も減った。人件費の上昇、それまでより少ない人手で手入れできる現代的な家、私生活に対する新たな考え方を背景に、自宅で使用人を働かせることを見直す流れが起き、変化が促され、富豪はとりえもない不従順な女中を嘆くようになった。(5) 労働者運動の勝利と賃金労働市場への女性進出が要因となり、庶民階級の女性は徐々に、より卑屈でないとされる仕事に興味を持ち始めた。こうした社会変化の結果、現在ではフルタイムの使用人職は特殊と見なされ、一九五〇年代以降のごく一般的な女中や、複数の雇用者に仕えるパートタイムの家政婦とは分けて考えられるようになった。(6)

事実、現代のフランスでは、家庭を対象としたサービス業はたいていパートタイム職で、雇用の五パーセントを占めている。八世帯に一つがこうしたサービスを頼っているが、かならずしもインフォーマル経済〔非近代的制度の経済構造や、通貨交換などの規則外で行われる経済活動〕が考慮されているわけではないので、この数字も低く見積もられている。(7)「家庭を対象としたサービス業」の語で示される職業グループは、サウジアラビアでは全体の二七パーセントを占める一方、フランスでの数字はそれよりも低く、現実には主にパートタイムの家政婦、訪問介護員、子守りがこの職業グループを代表し、公共政策は様々な雇用創出を促し、規制し、普及させている。(8) 欧米のすべての国家は、男女間の不公平な仕事の割り当て、高齢者や要介護者の問題、能力の低い給与生活者の失業への対処法として、家庭を対象としたサービス業に注目し、将来に向けた投資手段として位置付けている。フランスでは成長市場であり、こうしたサービスに特化したグループ[*h]（中には市場でかなりの割合を占めるグループもある）が急増していることからもそれは明らかである。〔二〇二〇年以降の〕コロナ禍でこの大規模なサービス市場に光が当てられたが、富豪の使用人職はその一部である。ただしその他のほとんどの職とはまったく性格が異なる。

政治スキャンダルや金銭絡みの怪しげな事件が起こると、使用人職にメディアの好奇の目が向けられることがある。リリアーヌ・ベタンクール〔フランスの女性実業家。サルコジ元大統領をめぐる政治疑惑への関与が疑われた〕の自宅に隠しマイクをしかけた執事のように、[(9)] 使用人は時代遅れで昔話に出てくるような社会の最上流層の暮らしぶりを象徴する存在であり、一般大衆からすれば、こうした使用人と富豪は手の届かない奇妙で旧弊で理不尽な世界の住人だ。女中は服従を、雇用主は支配を象徴しており、真逆の社会階級出身者が一つ屋根の下で暮らすなど、不可能に思える。『ダウントン・アビー』や『パラサイト　半地下の家族』の人気の秘密もここにある。[*i] 雇用主と使用人の関係はアンビヴァレント〔相反する価値、面、意義を有している状態〕で、距離と親密さ、協調と暴力、忠実さと不服従の間を行き来し、曖昧で、人々を魅了しつつ不安にさせる。クロード・シャブロル監督『沈黙の女／ロウフィールド館の惨劇』(一九九五年)[*j]はその極端な形を劇化して描いた。この作品における両者の関係は、頂点に達した親密な支配というそれまで考えられたこともなかった概念を具体化して見せている。親密な支配とは、支配を批判し身体との距離を保とうとする慣習や法の変化とは対照的な支配の様態である(10)。本書は紋切り型の思考や都市伝説から離れて、社会的には対極に位置する個人間の統計学上異例な同居状態を取り上げ、富豪と使用人の現在進行中の現実世界に身を置くことで、その考察を目指す。

＊h　たとえばフランスのO2グループ(ウィィ・ケアグループ傘下の企業で、子守り、介護、庭の手入れ、家庭教師など手広く事業を展開している)。

＊i　ジュリアン・フェロウズが脚本を手がけたイギリスのテレビドラマシリーズ『ダウントン・アビー』は、二〇一五年の放映開始以降、世界的な人気を誇っている。ポン・ジュノ監督の映画『パラサイト 半地下の家族』は、二〇一九年のカンヌ国際映画祭でパルム・ドール、二〇二〇年にはアカデミー賞を四部門で受賞した(うち一つは作品賞)。一九五五年のデルバート・マン監督『マーティ』以来、パルム・ドールとアカデミー作品賞を受賞した初の映画である。

＊j　一九三三年に雇用主を殺害したパパン姉妹(二人とも女中だった)事件にヒントを得た作品。

一つ屋根の下での社会的対立

私は二つの方法でこの世界にアプローチした。一つは使用人に目を向けること、もう一つは彼らを雇う富豪に目を向けることだ。それぞれの視点を理解するためにも、多くの社会学研究に見られる特定の社会グループのみに焦点を当てる傾向を回避するためにも、こうした姿勢は必須だ。筆者は両者を観察し、その言葉に耳を傾けたが、「ものは言えど妨げず」という民族誌学者の金科玉条に則って(11)、調査対象の言葉を「暴露」しないよう注意を払った。そのため、同世帯の使用人と富豪をセットで調査することはせず、雇用関係のない「使用人たち」と「雇用主たち」という別々の二つの対象集団を構築した。とはいえ、集団の中で互いを――少なくとも名前や顔だけは――知っているというケースはあり、この世界を歩く際、富豪と使用人の世界を形成する人脈《ネットワーク》にはずいぶんと助けられた。[*k]

富豪になるべく近づくため、私は実地での観察を重ね、長い時間をかけてインタビューし、時には複数回インタビューした。[*l]対象者の住まいはフランス各地に広がるが、特に首都圏とコート・ダジュールに集中している。私は富豪宅でのインタビューを希望したが、たいていの場合、彼らにとってもそれが好都合だった。彼らの家を見ることとは、その生活レベルや様式、象徴的・物質的空間の占め方、使用人との関係についての貴重な情報を与えてくれる。インタビューはかならず自宅で始まるか、自宅で終わり、食事に招待されることもあり、対象者の近親者が会話に加わった場合は、さらに延びた。カフェ、レストラン、富豪の職場でインタビューしたこともあり、彼らの「行きつけの店」「ベース」「隠れ家」にも行った。そう呼ばれるだけのことはあって、どこもコーヒー一杯六ユーロ、フルーツジュース二〇ユーロ弱、サラダが四〇ユーロ以上する。本当はもっと豪華で高価なレストランに招待したかったのですが、と申し訳なさそうに弁解した富豪もいた。

本書に登場する富豪たちが、最富裕層に属している点には留意が必要だ。彼らは百万ユーロ、時には億ユーロ単位の富を所有し、資産額、由緒、家柄を根拠に大ブルジョワ層を形成している。中には数世代にわたる財産を受け継ぎ、きわめて裕福な貴族層への帰属を自認する富豪もいる。[*m]インタビューを受けた貴族たちはフランス国内に複数の不動産を所有し、そのうち少なくとも一つはパリかパリ西郊に、一つは地方にある。こうした男女は弁護士、医師、企業経営者、高級官僚といった高報酬の仕

＊k　本書では調査対象者の氏名や、時には身元判明の手がかりになりそうな経歴の細部を変更し、匿名性を保った。
＊l　筆者は一二三人の大富豪と会った。インタビューのうち一五回は夫婦単位だったので、合計一〇八家族と会ったことになる。最低二時間、たいていはそれ以上の時間をかけて、一〜二回(まれに三回)彼らにインタビューし、了承を得て録音し、これに調査やインタビューの延長線上で面会したときのメモを加えて補った。
＊m　筆者が会った大富豪のうち四一パーセント近くが貴族階級出身である。

事に就いている。調査では一世代で億万長者になった新しい富豪も扱っており、彼らはビジネスや金融の世界できわめて高報酬の職業に従事している。*n これら新興富裕層《ニューリッチ》(フランス、アメリカ、イギリス、スイス、ロシア国籍、あるいは二重国籍)はフランス国内外にいくつもの家を所有し、国、職業、家族、観光の領域における可動性の高さを特徴としている。(12)

程度差はあれど、すべての富豪は莫大な資産を所有し、高収入で、使用人を雇っている。また少数の例外は別として、皆いわゆる「北」の出身であり、「西洋」の白人エリート層に属している。貴族グループはフランスに根を張る一方、ニューリッチからなる別のグループはフランス国内だけでなく国外でも暮らしている。筆者が会った貴族たちは、ヨーロッパやアメリカに住む貴族出身の人々と、仕事、国際結婚、国際的社交界を通じて国境を越えた付き合いをしている。国際化したニューリッチも、国内のブルジョワ社交サークルに参加している。旧家の富裕層やニューリッチが暮らす国内外の空間は異なる社会層間の結婚を通してつながっており、つながりは共通の習慣や表象をもたらし、それらの習慣や表象は比較的統一された支配階級として彼らが行使する権力を強める。(13)

かたや富豪が存在し、かたやもう一つの調査対象である使用人が存在する。インタビューのほとんどは雇用主宅で行われたため、*o 富豪の家に住んでいるようで住んでいない人々の視点からこの世界を見ることができた。サロンにもテラスにも、使用人の存在を示す形跡はほとんどない。邸宅の大理石や金メッキの内装、絵画、クリスタルグラスにまぎれて、カウンターや棚の上に置き忘れられた仕事着、布巾、洗剤類、携帯ラジオ、ブレスレット、キーホルダー、小さな祈禱書、ささやかなアクセサリー。こうした手がかりはあれど、使用人の存在は感じられない。彼女たちの居場所は、家主よりもずっと長い時間を過ごすキッチンや物置、地下室、誰かに聞かれているかもしれないと心配することなしに長時間インタビューを受けられる自室、そして稀ではあるがトイレ浴室付きの部屋や一軒家だ。

私は彼女たちが語る経歴や日常生活を通して、その世界を発見した。彼女たちのルーツを思い起こさせる品々、故郷に置いてきた夫や子どもの写真、洗濯物の山、ほとんど使われることのない化粧ポーチ、最初の数ページしか読まれなかった雑誌。彼女たちの子どもや夫に会ったこともある。彼女たちは自分たちの「ボス」について、感謝と苦い思いを交えながら語った。私は彼女たちと買い物をしたり、教会やモスク前、子どもたちの校外学習の付き添い、広場、近所のなじみのレストランに付き合った

＊n　これら新興富裕層（ニューリッチ）は調査対象の五九パーセントを占める。
＊o　私はインタビューの録音時間よりもずっと長い時間（リモートでの会話も含めて）を使用人と過ごし、彼女たちの信頼を得た。

りすることもあった。彼女たちには自分のための時間がほとんどないため、こうした機会は短いながらも濃密だった。金色の壁に囲まれた富豪の世界にいながら友人や家族とのつながりを保とうとする使用人もいるが、そう容易なことではない。使用人の多くは波のように押し寄せた移民の出身で、ほとんど学歴がなく、庶民階級に属し、なかなか安定した職業に就けない。ただし富豪の使用人は、従事者の数が多く、ヒエラルキー化されているという点で特異であり、同じ家事労働者でも、ほかではほとんど見かけないような経歴の持ち主もいる。私は白人男性で、学歴があって、過去にレストラン、ホテル、高級奢侈品産業《ラグジュアリー》、管理職など比較的安定した職に就いていた使用人とも話をした。つまり社会的分裂は雇用主と使用人だけでなく、使用人同士の距離にも由来しており、それゆえ彼らの経験には孤独と一種の分断が付きまとう。これは彼らが仕える富豪が形成する、まとまりと自信のある集団とは対照的である。

　私は彼らの活動の場である富豪宅にアクセスするにつれ、雇用主と使用人、使用人同士の間で交差するヒエラルキーと支配関係を発見していった。彼らに会った際に貴重なヒントを収集したほかにも、筆者自身ナニー兼料理補佐としてパートタイムで一度、使用人グループの補佐としてフルタイムで一度働き、調査を深めていった。おかげで積極的な観察が可能となり、外からはうかがい知ることのできない重要なディテールや人間関係の力学に触れられた。社会学者クリステル・アヴリルが行った、要介護者宅で働く介護助手についての研究もこの点に言及している(14)。

私の最初の働き口はジュヌヴィエーヴの娘カトリーヌの家で、本書冒頭の面接の二日後に電話が来て、採用を知らされた。私は一年間パリの彼女の家で五人の使用人たちと共に働き、毎夕、下校後数時間、子どもたちの面倒を見た。さらに夏には二か月間、中国にある彼らの屋敷で六人の住み込みの使用人たちに混じってフルタイムで働いた。住み込みの学生アルバイトのようなものだ。のちにマーガレットとフィリップ夫妻と彼らの四人の子どもたちの家庭でも働いた。この時は四か月間、平日と隔週末の一日数時間、二人の使用人と共に働いた。子どもたちの宿題を手伝い、何度か洗濯し、外出に付き添い、夕食を用意した。それまでに様々な年齢の子どもたちの面倒を見てきたことや、誕生パーティーの進行係を務めたこと、リゾート地で子守りをした経験、料理、スポーツ、手仕事が好きなことは、仕事上大いに役立った。逆に、雇用主の家でグループの一員として働いたことはなかったので、研究対象でもある人間関係のルールを必死で学ばねばならなかった。

こうした実体験を通して、インタビューでは観察できない発言、相互作用、緊張、感情に触れられた。パートタイムの学生労働者というやや特殊な立場ではあったが、グループ労働がどれほどの対立と連帯を生むかをうかがい知ることもできた。また、富豪と使用人の奉仕関係の特徴であるアンビヴァレンスを何度も目にした。彼らの物理的同居状態は富豪の仕事、旅行、出張、娯楽で中断することはあるが、それでもプライベート、秘密、贈り物、無欲と称する関係の影響を受ける空間――家――において、同居状態は継続する。[15] かくしてオフィスワーク、工場労働、個人経営店とは対照的に、使用人職では本来想定しなかった場に給与関係が生まれる。私は、この関係が機能するよう富豪がこれを共通問題として真剣にとらえ、家族はもちろん、友人、近隣の住人、時には近所の商店などのネットワークを動員して、自宅というプライベートな場に入ってくる人々を選別する様子を目の当たりにした。

ゴールデン搾取のメカニズム

富豪は普段から多くの人を雇っているが、彼らの個性を顧みずにひとくくりに考える傾向がある。ある金融グループの社長はオフィスでのインタビューで、「スタッフ」の話をした。「スタッフ」とは、地方に所有する城を修復する職人たち、女中頭、彼の統括下にある金融グループの従業員、建物の女性管理人、細々した作業を依頼する配管工などあらゆる被雇用者を指す。多くのフィールドワークで明らかになったように、富豪は社会の長として振る舞う(16)。ありあまるほどの資産のおかげで、かなり幅の広いサービスを受けることも可能だ。この点、彼らからすれば、使用人たちは様々な仕事を頼める広範な奉公人層に属しているが、富豪は望みのサービスを望むときに受けながらも、「優れた雇用主」のイメージを守ることに腐心している。

本書は、多くの人がいわゆる「ゴールデン搾取」をきっかけに使用人として働き始めることを明らかにしている。「ゴールデン搾取」とは競《せ》りのロジックであり、使用人の仕事への無際限の没頭を高値で買うことを意味する。一種の「超父権主義」だが、以前の時代と比べて現代ではこの概念が言及されることはほとんどない。実際、富豪は使用人たちにサービスの対価として、給与、住居、様々な費用負担などで報いる。八〇〇〇ユーロの給与、数百ユーロのボーナス、シャネルのバッグやクリスチャン・ルブタンの靴、高価な腕時計、フランス屈指の名医の診察、子どもたちの私立校の学費など、現金や現物の特典が相当な額に達する場合もある。使用人は働けば働くほど、従順で忠実であればあるほど、こうした報酬がもらえるというわけである。他の労働者全体と比較して、使用人は物理的には非常に恵まれている上、ほとんどの人にとって、使用人職は社会構造に起因する失業、極貧、人種差別、性差別への解決策でもある。富豪のもとで働く使用人は、他所では望めないような事物にアクセスできる。結局のところ、工場労働者、スーパーマーケットのレジ係、ウェイトレス、受付嬢よりも、富豪のもとで働く使用人の方がいいのではなかろうか。多くの場合、家事サービス業の中でも、家庭、企業、公衆の場を問わずいわゆる「清掃」職の環境は特に劣悪で、イメージも決していいとは言えない。きわめて低い賃金、金銭に還元されない長い通勤時間、肉体的疲労、健康リスクが付きまとい、政治的にもほとんど注目されない。[17] たとえば、二〇二一年のフランソワ・リュファンとジル・ペレのドキュメンタリー映画『女性よ、立ち上がれ！（Debout les femmes!）』に登場する女性たち〔訪問介護員や清掃員〕は、富豪によるゴールデン搾取とは別の実情を体現している。

使用人と雇用主の共同生活は、双方にとって有益に見えるかもしれない。互いへの配慮や理解、一緒に過ごした年月は、支配者と被支配者の両方にとって有益な平和的共存が、あらゆる制度的な規制の枠外で可能であることを示しているのだろうか。使用人は富豪のそばにいて、一種の完璧なエコシステムに参加し、特殊な世界に生きている。だが金色の柵の向こうでは、搾取が横行している。搾取はささやかな便宜や物質的報酬の陰に隠れているが、報酬は富豪が主観的に評価する彼らの価値に応じて決められているため、すべての使用人にとって得というわけではない。搾取はまた、仕事への無際限の身体的没頭の上に成り立っており、金銭によって権力を正当化された者たちによる暴力を示唆している。

本書では、富豪による搾取のメカニズムの根底にある矛盾を分析する。富豪は使用人に社会的栄達(時には急激な栄達)を約束する一方で、より広範な社会を構成する社会秩序やジェンダー、そして人種のヒエラルキーを死守しようとする。現代のリベラルで資本主義的なシステムは、個人の成功や自由という幻影の上に社会的、人種的、性的不平等を築く。自宅における富豪の振る舞いは、そうしたシステムを映し出している。富豪がこれほど使用人たちに金銭的、物質的、感情的投資をするのは、ほぼ確実に「勝ち組」になるシステムを再生産するのに、彼らが必要不可欠な要素の一つだからだ。

富豪は金を出して、使用人たちに支配を及ぼす権利を買う。その支配には距離も中断も一切なく、使用人たちは家族の一員である、つまり家庭内の権力のヒエラルキーに従っているという理由のもと、その身体と精神を形成する。このように親密な支配を及ぼす権利は、それ自体が目的ではなく、個人の問題でもないだけに、一層強力だ。最高の使用人を探す際に人脈が広範に動員されることからも、それは明らかだろう。この権利は、富豪の経済的、政治的力が行使される際の土台の一つであり、富豪の数は増える一方だ。[18]だが本書でも見ていくように、ゴールデン搾取は決して絶対的でもなければ、逃げ道がないわけでもない。本書は使用人という職を通して、安定性の条件だけでなく、単なる理不尽な、あるいは理由を伴った不平等の問題には還元しえない、社会的境界の不安定性の条件にも目を向ける。

簡単に手の届く世界？

雇用主と使用人はしばしば、互いの関係、より広範には使用人職について、非常に静穏なイメージを見せようとする。使用人としてキャリアを積みたい、生活レベルや人脈、評価を高めるために富豪に仕えたいと考える人が、「勝ち組しかいない」感傷的な小説で描かれるような希望を抱くのも無理はないのかもしれない。実際のところ、小説『甘い歌(Chanson douce)』[19]、芝居『女中たち(Les Bonnes)』[20]、映画『沈黙の女』『パラサイト』に描かれる情痴犯罪や暴力を伴った社会的復讐は遠い世界の話だ。こうした作品では、使用人たちは雇い主やその子どもたちを殺し、暴力的な行動が彼らの恨みを具現化し、社会的復讐を果たす。[21]しかし私が訪ね歩いた限りでは、そのような出来事は一切なかった。私が耳にした話、目にしたこと、観察したことは、暴力や恨みとはほど遠く、使用人も雇用主である富豪も口をそろえて、自分たちが共有した経験、素晴らしいキャリア、貧しさから豊かさへの変容、夢の実現といった美談を繰り返した。

フィールドワークを行う前、私はさぞ多くの障害や抵抗にあうだろうと予想していた。富豪は家に押しかけてきた若い社会学者に、使用人のことを話してくれるだろうか。使用人は自分たちが勤める家に私を招き入れてくれるだろうか。すべてが困難に見えた。富豪は空間を私有化して、入ってくる者を選り分け、限られた人だけに自分たちの狭い世界に足を踏み入れる特権を与える(22)。家や家族に関係する事物はプライベート、秘密の領域に属す。私には手の届かない世界のような気がするし、調査に対する雇用主の警戒心や、使用人の無理解も予想された。雇用主はきっと、私が使用人の待遇や労働環境を監視して裁くと思うだろうし、使用人は私が彼女たちの証言を雇用主に報告するのではないかと恐れるだろう。私の目に、使用人職は潜在的にタブーで、議論を呼ぶテーマのように映った。

だが結論から言うと、両者とも私の研究を「どちらかと言えば」前向きにとらえてくれた。「どちらかと言えば」というのは、初めて連絡を取ったときに、一部の富豪は、私が彼らのやり方に最初からネガティブな意見を持っていると考えたからだ。「我が家ではすべてうまく行っています。こき使われている使用人などいませんよ!」「あなたの研究は、法律をさらに厳格化することが目的かしら」「私たちのことを本で批判したあの二人の共産主義社会学者(モニーク・パンソン゠シャルロとミシェル・パンソン)と同じ目的なら、結構ですわ!」などといった反応をされたときには、研究は彼らと使用人の関係を知り、把握することが目的であって、裁こうなどとは思っていないと強調して相手を安心させた〔上記二人の社会学者は、原註に掲げられている著作（はじめに16、一章4・14、二章11）などで富豪の特権と閉鎖的な世界を批判的に暴いたことで富豪たちの不興を買った〕。もともと乗り気ではない貴族には、使用人職の歴史的重要性への関心を説明した。こうして消極的な人にも会うことができたが、それでも、電話口であまりに攻撃的な人や、連絡を取ろうとしても応えてくれない人にはあえてそれ以上無理強いはしなかった。一方使用人たちはと言えば、無回答が私とのインタビューの拒否を示す唯一の手段で、回答してくるときは、自分の経験を話してもいいと伝えるためだった。ただし匿名で、そして雇用主には何も言わないという条件付きだ。*p

主に倫理的理由から、私は使用人とその雇用主に同時に会うことは決してしなかった。回答をもらえなかったり、幾度かインタビューをすっぽかされたりしたが、一度相手の逡巡が解消されれば、富豪と使用人の世界に入り込み、口コミのおかげで方々を回ることができた。間違いやヘマを犯したこともあった。たとえばインタビュー依頼のメールを、各人の称号や苗字を書き入れずに複数の貴族に送ったことだ。不運なことに、彼らは由緒ある非常に閉鎖的な貴族サークル「ジョッキークラブ」(23)のメンバーで、本人や妻たちが私のメールについて情報交換し、敬意に欠けると気を悪くしたのだ。それぞれの手紙に単に「マダム」「ムッシュー」としか書かなかったために、危うく貴重なコネを失うところだった。紳士録の編集長が、貴族の狭い世界に入り込めるようにとせっかく教えてくれたコネなのだ。(24) 何とか挽回できたのは、私の謝罪の手紙ではなく、この編集長のおかげだ。使用人についても同様で、何度かヘマをした。私は彼女たちが掃除や料理をしながら語る話を座ったままメモを取るのに抵抗を感じ、立ち上がって、執拗に手伝いを申し出ていたが、ある時、その中の一人が私を椅子に戻して、座ったまま話を聞くよう、そして自分が作ったココアを飲むよう命じた。私は困惑し、「動く」ことで調査対象との関係の不均衡が多少なりとも解消されるだろうなどと考えたことを恥じた。このことがあってから、私は客の立場に立つことを拒否するのはある種の軽蔑と取られかねないことを理解して、使用人のペースに従った。絶え間ない適応を通して、社会階級間をめぐる旅は少しずつ進んでいった。

社会学において人間関係のルールやロジックを理解するには、交渉し、障害を取り除いて微妙な研究フィールドにアクセスせねばならない。調査を開始して進めていく際、自身の経歴や社会的特徴を

＊p 使用人の主な危惧は、私が彼女らの不平や批判、彼女らの語る富豪の生活を暴露することだった。この不安を解消し、発言にブレーキがかからないようにするため、私は会ったすべての人に対し、雇用主には一切何も言わないこと、発言を掲載する場合には発言者の身元がわからないようにすることを約束した。富豪とも同様の秘密協定が結ばれた。

どう利用するかは調査の行方を大きく左右する。私は庶民階級出身でも、知的あるいは裕福なブルジョワ出身でもなく、「中産階級」というやや寄せ集め的なカテゴリーに属している。パリの北郊、ヴァル＝ドワーズ県南部育ちで、周囲には一戸建て住宅街、低家賃集合住宅が並ぶ郊外団地地区、大規模産業地区、森、野があった。[25] 両親は一戸建てを購入し、医療関係の「中間」職に従事していた。母は郊外で働く看護師、父はパリ一八区北で働く自営業の運動療法士だった。私は公立校に通い、労働者、医者、移民、移民とは無縁の家庭、黒人、白人、イスラム教徒、ユダヤ教徒、仏教徒、エホバの証人信者、カトリック、無神論者を親に持つ子らと遊んだ。校外では両親の友人――石工、自動車工、家政婦、ポルトガルやイタリアやスペインからの移民、トラック運転手、看護師、営業マン、稀に産業デザイナーや医師、移民ではないフランス人――との交流を通じて、社会的、文化的、宗教的多様性にどっぷりとつかった。宗教も政治的傾向もなく、特にアイデンティティを主張することもない白人家庭の娘というバックグラウンドのおかげで、私は他者に興味を抱き、目をみはった。

家には、推理小説が数冊、学校課題図書の古典文学、テレビ雑誌、たくさんのバービー人形、大きなブランコ、いくつものスポーツ用具があった。両親は正統文化〔社会学者ピエール・ブルデューの提唱した概念で、ある社会の全成員が正統と考える知識や教養を指す〕にはあまりなじみがなかったが、つねに好奇心と「文化への興味」を持っていた。(26) 妹(現在は社会復帰訓練士として働いている)と私は正統文化を身につけるために毎晩八時のニュースを見なければならず、子ども向けの新聞や雑誌を定期購読し、時々美術館観覧のためにパリに行った。父は高収入だったため、様々な校外活動や長距離の家族旅行、レストランでの食事を楽しむことができた。私たち家族の間では、学校は一般教養を学ぶ場、スポーツは「自己克服」(27)の手段、造形美術は「リラックス」の時間だった。両親は投資目的でパリ一三区に二つのワンルームマンションを購入し、私たち姉妹は大学生の間ここに住んだ。高校時代は、近所の評判の悪い学校を避けて、国家と契約を交わしたレベルの高い私立高校に通った(フランスでは、私立学校が一定の基準に従い国家と契約を結ぶ制度がある)。

ヴァル゠ドワーズ県の高校には、公立中学校出身で中間層家庭の「私のような」生徒もいれば、裕福な「本物の」ブルジョワの生徒もいた。私は白人の生徒と教師しかいないことに衝撃を受け、学校は人種隔離の共犯者であることに気がついた。もう一つの衝撃は、初めて没落貴族の子弟たちに会ったことだ。そのうちの一人は私の大親友で、父は軍人、母は専業主婦、五人兄弟の末子で、両親とは敬語で話していた。「ラリー」は自動車レースだけではないことを教えてくれたのは彼女で(裕福な家庭の年頃の娘が恋人探しをするためのパーティーも「ラリー」と呼ばれる)、そこで着る長袖のドレスを見せてくれた。この高校、またその後通った高等師範学校（ENS）、パリ政治学院で出会った文化的ブルジョワ層の友人たちは、様々な社会ルールと折り合いをつけるすべを授けてくれた。社会科学を学んだ学生時代、私は何時間もかけて本を読み、ものを書き、勉強しながら、フルタイムで複数の使用人を雇うパリ一六区の裕福な家でベビーシッターのアルバイトをした。使用人の存在に気がついたのはこの時だ。家でこの家族の生活ぶりを話しているうちに、両親の友人の一人が富豪宅で家政婦をしていることを知った。その数年後、私に使用人の世界の扉を開いてくれた一人がこの女性である。

パリと郊外、家族、幼馴染、学生時代や仕事場の知り合いとの間を行き来していた私は、絶えず自分の在り方、見せ方、考え方、話し方、振る舞い方をそのつど周囲に適応させねばならず、社会学調査で社会的空間を端から端へと渡り歩くのに、この経験はずいぶんと役に立った。私は大学生、フランス人、白人という立場を利用して、支配層に「感銘」を与えると同時に、(28)彼らの社会層における女性の社会的役割として重視される慎み深さも忘れなかった。おそらく小柄な体格も有利に働いたのだろう。(29)反対に、使用人たちに対しては学歴を誇示せず、家政婦だった両親の友人女性の話や、ベビーシッターの経験を話し、郊外に戻ったときにさほど意識せずに使うリラックスした言葉遣いと態度で接した。社会的立場から言っても、私が「フランス出身」であることから言っても、隔たりはあったが、私自身は彼女たちに親近感を覚え、居心地のよさを感じた。彼女たちとは敬語を使わずに話し、笑いや涙を交えて語られる言葉に耳を傾け、夜になってその言葉を思い返しては感動を覚えた。数人の使用人とは親しくなり、安定した関係を築いた。私たちには、社会的世界を縦横に旅しているという共通点があった。一方、富豪からは大切にされ、学歴をほめられると誇らしい気持ちになったが、彼らが突如として私のコーヒーの飲み方をからかったり、フランス史の知識が貧弱なことを見破って欺瞞を非難したりするのではないかと恐れ、上から下までじろじろ見られて、服のブランド(ノーブランド)を見破られるような感覚に襲われた。相手が代々の富豪であれ、ニューリッチであれ、私はその富、教養、資産、経済力と象徴的な力に魅了され、押しつぶされるような気分を味わった。富豪は私の研究に熱心に耳を傾けて興味を示しながらも、自分たちが「上」であることを巧みに思い知らせた。私は彼らとはもうほとんど連絡を取っていない。

もちろん、社会学者の能力や個性だけですべてがうまく行くわけではない。雇用主や使用人から快く受け入れられたのは、彼らが私に言うべきこと、見せるべきものがあったからだ。使用人の側からすれば、自分たちに興味を抱く者が現れたことは、この職のあらゆる利点と優れた面を示す絶好の機会だった。楽園生活、キャリア、富豪の支援、家族の一員としての待遇は、使用人は惨めで、雇用主からひどい扱いを受けて、利用される時代遅れな存在であるとの偏見に対する反論材料となる。時にこうした偏見に直面する彼らは、私を前に反論を展開した。彼らは一丸となって自分と雇用主の関係を理想化し、互いの補完性を擁護しているように見えた。富豪の社会的成功は使用人にかかっており、使用人の社会的成功は富豪にかかっている。逆説的ではあるが、これは使用人を雇用主の盾のような存在と見なすもう一つのステレオタイプを強調している。カズオ・イシグロの小説『日の名残り』(30)の主人公、執事スティーヴンスのように、雇用主の思考や価値観と完全に一体化したステレオタイプである。第二次世界大戦前夜、スティーヴンスは雇用主ダーリントン卿の意見に決して逆らうことなく、命じられるままに二人のユダヤ人女中を解雇する。彼はこの出来事に動揺し、同僚の女中頭ミス・ケントンに批判されるが、卿に自分の意見を表明することはなかった。

つまり、使用人の沈黙は雇用主と交わす契約の一つである。沈黙は富豪の特権やその生活様式を神秘的に見せる。だが、社会学調査は大邸宅や瀟洒な地区の奥に足を踏み入れることで、雇用主と使用人の親密な支配(31)をめぐる沈黙を破ることができるのだ。

第一章　使用人の夢

「見えますか？　ずいぶん日差しが強いなあ！」マリウスは私が見やすいようにと、自分のスマートフォンをあちこちに動かしてくれるが、こちらのパソコンのモニターでは見えにくい。実を言えば、スカイプで話し始めたときから、私の目はむしろ彼の背景に向けられていた。まぶしい太陽。それ以上に目を引くヤシの木、カラフルなパラソル、そして遠くに見える海。しかもそこらへんの海などではない。延々と続く淡黄色の砂浜とターコイズブルーの水。「確かに。そちらは天気がよいのですね」と私は英語で答えた。マリウスは英語で仕事をしている。ようやくパラソルの陰に座ったマリウスは、冷やかし気味に私を見つめた。彼はTシャツ姿なのに、私はフリースを着ている。「セイシェルの一二月はこんな感じなのですよ」と彼は冗談めかして言った。マリウスはもう一〇年以上、寒くて雨や雪が降る一二月を過ごしたことがない。最低気温二五度で、屋外プールの手すりにクリスマスの飾りがかけられた冬にすっかり慣れていた。プールサイドで「ものすごく高い」シャンパンをちびちびと飲むのが何よりの楽しみだ。最近はニューカレドニア、モーリシャス島、サン゠バルテルミー島で冬を過ごした。「セイシェルも悪くないけれど、好みではないんですよ。楽園で暮らしていると、わがままになってしまうんです」と彼は通ぶった様子で話した。

楽園で暮らしていると豪語できる使用人がいるなど、誰が想像できるだろう。マリウスは何も誇張しているわけではない。彼の父は食料品店で働き、母は家政婦だった。一八歳でルーマニアからフランスにやってきた貧しい青年は、五五歳でインド洋を望みながらクリスマスを過ごすことになろうとは思いもしなかった。工事現場で低賃金職を転々とし、節約しながらわずかな金を妻に送り、スペインの橋の下で寝、強制送還の恐怖に絶えず怯えていた頃には、こうした楽園など想像だにしなかった。初めて海を見たときも、わずかに匂いを嗅いだだけだった。当時二三歳だった彼は、クレタ島の高級ホテルの工事現場で毎日必死に働いていた。いくら重労働で、低賃金で、将来の見通しが立たなくとも、当時の彼にとって食事、住居、洗濯付きの仕事は特権だった。現在のマリウスは、自分が設置したプールで泳ぐことを夢見ていた昔を笑う。夢は実現した。毎朝、彼はプールやインド洋で泳ぐ。一万二〇〇〇ユーロ、ボーナスの額によっては一万六〇〇〇ユーロの月給を稼ぎ、気が向けばフランスの法定最低月給くらいするシャンパンを買う。これまでの歩みや現在の生活を語るときの彼は、雇用主への賞賛と感謝の念を絶えず口にする。ボスはＣＡＣ40〔ユーロネクスト・パリ(旧パリ証券取引所)に上場している株式銘柄のうち時価総額上位四〇銘柄からなる株価指数〕に名を連ねる企業の社長で、マリウスは彼の行く先々に付き従う。アシスタントとしてすべての出張をアレンジし、仕事やプライベートの予定を管理し、使用人グループを指揮する。ある意味、二人の間には共通点がある。人生に成功しているという感覚だ。

初めてオンラインで話したときにマリウスが語った内容は、私が調査で経験したいくつかの会話と似ていた。実際、社会的栄達を遂げて豪勢な生活を送る使用人は彼だけではない。奇妙なことに、こうしたストーリーはどれも、富豪の世界に入り込むことの不確実かつ有益な面を強調しており、幸運な使用人を自認する男女は、夢のような魅力的な生活を送っていると言う。職業に対する彼らの愛着の理由の一つはここにある。

楽園に暮らす

私が知り合った使用人は誰もが、「楽園」「最高」「信じられない」「夢」「幸運」という言葉を口にするが、これはさほど意外なことではない。社会学者を前にすると、たいていの人は自分をよく見せようとするし、イメージを損なうようなことは言わないものだ。(1) こうした自己演出は、進行中のやりとりが中断しないよう相手の「面子」をつぶさないと同時に、自分の面子も保つことを目的としている。こうした姿勢をとることで、使用人たちは重労働に取り組むための前向きな論調を展開し、雑多な要素から成る人生に秩序と意味を持たせようとする。(2) だが自らの経歴や人生を必死に理想化しようとする姿を見ていると、疑問が湧いてくる。彼らの言葉は単なる空言ではない。調査を始めたばかりの頃の私は、使用人たちにはいろいろと隠さなければならないことがあるのか、それとも本当に「楽園」に暮らしているのかわからなかった。答えはその両方だ。

楽園とは第一に「場」だ。仕事やバカンスで頻繁に移動する富豪の使用人は、一年に数度、複数の国、都市、文化を訪れる。マリウスのように、最近財を成した富豪に仕える使用人なら、大陸間をまたぐ場合もある。雇用主はトレーダー、投資銀行家、社長、管理職、司法官、美術商などで、国際的な生活を特徴としている。彼らはフランスとヨーロッパの国々、あるいはアメリカで生活し、世界各地、たいてい海辺や島に複数の家を持っている。中でも最富裕層は、家ごとに通年で働く使用人を一人ないしは複数抱えている。マリウスの雇用主も同様で、ニューヨークのアパートには三人、コート・ダジュールの屋敷には五人、セイシェルの別荘には一三人の使用人がいる。一年に一度、クリスマスの時期に使用人全員が島に集まり、完全に外部をシャットアウトした富豪の世界を発見する。彼らには仕事を通じて、国際化した富豪の複数の拠点に足を踏み入れる特権がある。(3)

つまり、使用人にとっての楽園暮らしとは、彼らが自分たちよりも格上と見なす人々の日常生活に入り込むことを意味する。雇用主を優位たらしめる要素は複数ある。資産、社会的・職業的地位、場合によっては不労所得や遺産のおかげで働かずして暮らせる可能性。より広く言えば、彼らの地位や趣味が発する威光もこれに含まれる。後者については、ファトゥーとの会話が重要な手がかりになる。

ファトゥーは三六歳のフランス人女性で、自動車工と結婚して五人の子どもがいる。マリ出身で、父は個人商店を営み、母は貧しい専業主婦だった。ファトゥーは一三歳のときにフランスにやってきて、介護助手の資格を取ったが、現在はパリ西郊の超高級住宅地で「女中」をしている。彼女とは、その大邸宅の客間《サロン》で会った。

「仕事を初めてもうすぐ一年になるけれど、これほどすごい人、つまりお金持ちで偉い人の家で自分が働いているとは、まだ実感しきれてないわ」

「偉い人？」

「ええ。彼らは貴族なの。ほら、伯爵よ。だから『伯爵閣下』と呼ばれることもあるし、奥様は『伯爵夫人』と呼ばれるわね。でも普段はそんなふうには見えないわ。まあ、家は大きいけれど。(中略)けれども家の中は、うーん、よくわからないけれど(笑)、ゴールドとかお金持ちっぽいものでいっぱいだと思っていたのに、結構地味なのよね。何て言うのかしら、クラシックなスタイル。ただ値が張るクラシックよ。すごく高いの。マダムから、これはとても貴重な品だから、って言われたわ。何時代って言ったかな……すごく昔の銀食器もあって、イニシャル入りなのよ。つまり名門っていうこと。私からすればすごいことよ。ちょっと気後れしてしまうわ」

一家はフランス大貴族の流れを汲んでいる。ファトゥーは勤め始めてほぼ一年経つが、素敵だけれど気後れもすると言う。この日私が訪れたのは、サロンとキッチンだけだった。彼女は、子どもと夫が住む小さなアパルトマンでは会えないので、雇用主宅で彼らの留守中に来てほしいと言ってきた。ただしサロン以外の部屋には入らず、住所も身元も明かさないという条件付きだ。私がインタビューした使用人のうち四分の三は、ファトゥー同様、雇用主宅の一部屋や敷地内のトイレ浴室付きの一部屋を与えられるか、近くに住んでいる。こうした距離の近さのために、使用人の自由時間は大幅に削られるが、昼も夜も同じところにいるのでこちらは効率的に調査ができる上に、雇用主宅で会うことで、使用人の職場や生活空間と富豪の生活空間の両方に入ることができるという意外な利点もある。毎回うまく行くとは限らないが、私はなるべく彼女らの職住の現場で会えるよう交渉し、使用人と雇用主の関係を不安定にさせることが目的なのではないと説明した。かなり慎重な使用人は、公園やカフェ、教会、ビデオ通話で会いたいと希望し、こちらを信頼する使用人は雇用主が留守中の屋敷内での面会を受け入れた。その場合、ファトゥーも含め一部の使用人は、私を家に迎える許可を雇用主から得ていた。同じ家で長いこと働き、経験も自信もある使用人は、雇用主に断りを入れずに私を迎えた。いずれにせよ、使用人は確たる一線を引き、私は招かれた家の秘密を守り、会うときには彼女たちの心の動きに注意を払った。ファトゥーは話をしながら、家全体を見せてあげられなくてごめんなさいと何度も謝った。私は二時間半でインタビューを切り上げた。雇用主はあと一時間で帰宅する。ファトゥーは仕事に戻らねばならないし、自分の生活を語るうちに高まった感情を静めねばならない。

マリウスの雇用主とは違って、ファトゥーの雇用主は何世代にもわたる資産を受け継ぎ、大きな城の手入れもそれで賄っている。インタビューをした客間の壁には、一族代々の肖像画に交じってその城を描いた古い版画がかけられていた。「時々ルーヴル美術館にいるような気になるわ」と彼女は冗談めかして言う。この言葉は、彼女がこのちょっとした個人美術館のような家にすでになじんでいることをそれとなく示している。「美しい一族《ベル・ファミーユ》」という表現は貴族がよく使う語で、彼らの美意識、資産、社会的価値を示している。社会学者ミシェル・パンソンとモニーク・パンソン＝シャルロは、貴族における美の何たるかを明らかにした。彼らの研究によれば、「美しい人《ベル・ペルソンヌ》」「美しい地区《ボー・カルティエ》」「美しいもの《ベル・ショーズ》」は、貴族の「優れた趣味」を形成する。(4) 銀食器、古典様式《クラシック》、簡素さもその一つだ。ファトゥーは最初のうちは何が何だかわからなかったが、やがてこの優れた趣味に親しんだ。それでもしばらくすると、彼らのソファ、絵画、ランプ、食べ物、服装、話し方、友人たちは、自分の趣味には合わないと認めるようになった。彼女は二日前に夕食に招かれた雇用主の隣人たちについて、「私たちの趣味は違うのよ。でも、彼らがいい人だということはわかるわ」と述べた。

使用人は、雇用主の趣味は誰よりも優れていると確信している。だからといって、彼らが雇用主と同じものを好きなわけではない。彼らが雇用主の家具、美術品について批判的な意見を持つことは少なくないし、その美的価値や意義を理解できないこともある。だがその場合、使用人は自分が間違っていると考える。彼らが自分の趣味と雇用主の趣味に対して設けるヒエラルキーは、使用人が自分の意に反して支配層の趣味を受け入れていることの表れであり、象徴的暴力の印である。(5)

楽園での生活は、そこに流通する金を多少なりとも所有することをも意味する。すべての使用人がマリウスほどの高給取りというわけではないが、ナニー、料理人、運転手、さらには「女中」やベテランのリネン類管理係でさえ、月二〇〇〇～三〇〇〇ユーロを稼ぐことは珍しくない。これはフランスの給与の中央値（約一七九〇ユーロ〔約二七万六〇〇〇円〕）を上回る。その上、彼らはほぼ一律に種々の現物支給を受けている。ファトゥーは今の職場で月に二二〇〇ユーロ稼ぎ、さらに毎年クリスマスには六〇〇ユーロのボーナスを支給される。食事つきの住み込みで、洗濯もしてもらえる。インタビューの一か月前には、雇用主からアルプスでの三日間のバカンスをプレゼントされた。彼女が山に行ったのはこれが初めてだ。彼女や子どもたちの医療費は雇用主が負担する。おかげで、予算オーバーで先送りにしてきた歯の治療も受けられた。雇用主が彼女抜きでバカンスに出かけるときは、いつもちょっとしたお土産を持って帰ってくる。インタビューの間、彼女は雇用主が日本で買ってきてくれた緑茶の詰め合わせを開封した。世界でもっとも人気の高いお茶の一つ、煎茶も入っている。月に何回かは、雇用主の妻と二一歳になるその娘から服やアクセサリーのおさがりが来る。彼女はそれを部屋の戸棚の特別な一角にしまっている。丁寧にたたまれた一〇枚ほどのブラウスの横に小さな布製の箱があり、中には数枚のシルクスカーフが入っている。彼女はこれらの服飾品をそっと取り出して見せてくれたが、その手つきからは、「貴重なプレゼント」への思い入れが伝わってくる。彼女同様、多くの使用人が雇用主の鷹揚さをほめる。こうしたプレゼントは彼らの仕事に価値を付し、給料以上のもの――夢のような生活――を与えてくれる雇用主への愛着と感謝の念を維持するのに一役買っている。

ファトゥーにとって、こうしたプレゼントは第一に、身を粉にして働く自分を積極的に評価する雇用主の満足の表れである。プレゼントや現物支給(住居も含む)は、富豪やフランスの使用人に限られた現象ではなく、最近の傾向というわけでもない。一九八〇年代にアメリカで黒人家政婦と中産階級出身の白人の女性雇用主の関係について調査した社会学者ジュディス・ローリンズは、こうした行為がごく一般的であることを明らかにした[6]。雇用主がプレゼントと住居を根拠に給与を削減しようとすることも珍しくない。二〇〇〇年にブラジルのリオ・デ・ジャネイロの女中について調査を行ったドミニク・ヴィダルも、同様の指摘をしている[7]。しかし富豪が使用人に与える現物支給の特異な点は、その経済的価値と頻度にある。医療費負担、住居、食費、バカンス、プレゼント、給料、ボーナスの支給など、使用人の状況は金銭的にも物質的にもきわめて恵まれている。中には高級ブランドのハンドバッグや宝石、高級ホテルでの滞在、プライベートマッサージ、高額な手術費、使用人の家族のための高額な現金、スクーターや車など唖然とするような贈り物もある。富豪からすれば、こうした支出など痛くもかゆくもないが、それを受け取って人にあげたり、時には売ったりする使用人にとっては大変な金額である。

つまり楽園暮らしは金銭や美しいものを目にするだけでなく、それを所有することをも意味する。だからこそ、中産階級や貧困層ではなく富豪に仕える使用人職は魅力的なのだ。マリウスは労働者の職を捨て、クレタ島で自分が工事に携わった高級ホテルに投資をした富豪の個人的使用人として、様々な特典を得ながら働く道を選んだ。彼が就けたであろうどんな職も、これほどの特典をもたらしはしなかったはずだ。ファトゥーは一五年前にレジ係を辞め、パリ一六区で暮らす名門一家に仕えることにした。給料もずっとよかったし、高級住宅地に無料で快適な住まいを与えられたからだ。

キャリア設計

富豪に仕えるようになった経緯を語る使用人たちは、「金儲け」が第一の動機だったと告白する。一般的な見解では、多数かつ多様な経済的利益の可能性は特殊な職業のうちに存在する。他方、使用人には選択肢はほとんどなく、低報酬で不安定で出世の見込みのない職に就くか、いくつもの職種を行ったり来たりするしかない。フランスにおける使用人のほとんどはパートタイムで、「ばらばら」――複数の雇用主のところで、日に数時間ずつ――働いている。(8) 彼らは自分の職を暫定的と考え、一生使用人として働くつもりはない。社会的に恵まれない人が長期間一人の雇用主のもとでフルタイムで働いても、そのキャリアはさほど高く評価されない。たとえばコートジボワールでは、女の子は幼い頃からアビジャン〔同国最大の都市〕の中産階級の家で働くが、使用人職でもそれ以外の職種でも、将来のキャリア展望はごく貧弱だ。(9) 逆に富豪の使用人には、出世(時に目をみはるほどの)の具体的な可能性があり、経験を積みながら、昇進したり一つの分野に特化してキャリアアップしたりできる。

ヴィオレットのケースはその典型だ。ファトゥーと同じく三六歳の彼女はフランス人で、父は労働者、母はレジ係だった。エステティシャンの職業適性証(CAP)〔中等教育レベルの職業教育を修めたことを証明する資格〕を持ち、二人の子どもがいて、パリ西郊に住むトレーダーと帽子デザイナーのカップルの家で家政婦として働いている。私たちはパリ北郊オワーズ県のカフェで会った。配管工である夫は、家族も友人もいるこの町に愛着がある。彼女が富豪に仕え始めたのは八年前のことで、すでに相当のキャリアを積んだと自負している。エステティシャン、家政婦、小間使い。すべてはあっという間の出来事だったと彼女は言う。

「以前はエステティシャンとして働いていたけれど、よく来る女性のお客さんのネイルをしているときに扉が開いたの！(笑)その人は近くにお城を持っていたわ。ロワール地方の古城とまでは言わないけれど、まあそれに近いわね（笑）。パリにも住んでいて、私にこの町に住み続けたい理由があるのかと聞いてきたの。そりゃあそうよ。当時は子どもも夫もここに住んでいたしね。彼女は、パリの自分のところで働いてくれれば、お金が稼げると言ったわ。最初はよくわからなかったけれど、彼女が説明してくれたの。つまり私は家政婦として彼女の家で毎日働く。夫、子ども、私のために家探しも手伝ってくれる。そういう取り決めよ。それに夫のために二三〇〇ユーロの仕事も見つけてくれるって。無申告の職だから、税金もかからない。正直言って、私たち、それほど迷わなかったわ。エステサロンの稼ぎは悪かったし、夫も上司とうまく行ってなかったし、すぐに話に乗ったの。ちょっとした冒険だったわ！　ほぼ二日おきにネイルをして、あとは家事、アイロンがけとか料理とかいろいろ頼まれたわ。まあ何でもやっていたわね」

「そこでどれくらいの期間働いたの？」

「確か二年だったと思うわ。その後にいろいろなことが続いたのよ。彼女はロワール地方に引っ越して、私はパリに住む彼女の娘のところで働いた。そこではもう一人の家政婦に指示を出していたわ。（中略）この辺りで知られるようになって、その後彼女がコート・ダジュールに引っ越したので、今度は彼女の従姉妹のところで小間使いとして働いたの。（中略）それ以降は、ほかの家で小間使いをしたわ。

よく働いたので重宝されたのよ。女中頭も夢ではないかもね！」

現在、ヴィオレットは月に五六〇〇ユーロ稼ぎ（ボーナス別）、家政婦、料理人、運転手からなるグループを指揮している。いつか使用人のヒエラルキーの頂点に立つ女中頭になるのが目標で、すでに当てもある。インタビューの数か月前に、コート・ダジュールに住むかつての雇用主の友人夫婦が、九人の使用人グループを指揮する女中頭の職を提示してきたのだ。このオファーは人脈《ネットワーク》が使用人の流動性に不可欠な条件の一つであることを示している。富豪に仕えた八年間、彼女は知り合いの輪を大きく広げた。自分の二人の子どもが通う学校の守衛からコート・ダジュールの大手ヨットクラブの会長まで、雇用主お気に入りの花屋から彼らの友人のファンドマネージャー、美術商、会社経営者、アーティストまで。富豪の世界で築き上げたコネを足がかりに、使用人はさらに格上で実入りのいい仕事に移る可能性を獲得する。ヴィオレットは勤め先を変えるごとに昇進し、昇進はさらなる高給とより豊かな現物支給をもたらした。

富豪の使用人職はヒエラルキー化され、専門化されてもいるため、キャリアを積むことも可能だ。私が会った使用人のうち、六人に一人が単独で様々な仕事（マルチタスク）をし、その他はグループで働いている。七割近くが一人から六人、三割が七人から数十人の同僚と働いている。使用人が複数いるということは分業体制であることを意味し、人数が増えれば増えるほど仕事は細分化していく。使用人は、マルチタスク（たいてい家事）、あるいは特定の仕事に特化したスペシャリストとして働き始め、ほとんどの場合、あるジャンルにおいて腕を磨き、能力を高めて、専属運転手、ナニー、料理人になる。

個人宅に勤める料理人ソラルと初めて話したときには、その経歴とパリのブルジョワ地区で彼が築いた評判に驚かされた。ある時、私は女性雇用主とのインタビューを終え、彼女の邸宅の中庭を歩いていた。そこですれ違ったのがソラルで、仕込みをするからキッチンに来ませんかと言われ、結局、三時間以上も話した。ソラルは三四歳。イスラエル生まれだが、八歳のときからフランスに住んでいる。両親は豚肉加工業を生業とし、フランスに移住後はパリ北郊でコーシャ〔ユダヤ教徒のために特別に処理された食品〕専門食料品店を開いた。高校時代のソラルは週末になると店を手伝った。彼は一二年前からこの邸宅で料理人として勤めている。見習いとして入り、その後四人の料理人からなるチームを指揮するようになった。彼は自分のことを、たまたま富豪に雇われた幸運な一介の「ピザ職人《ピザイオーロ》」〔イタリア人を指すやや揶揄的表現〕だと言う。かつての雇用主はイギリス貴族で、フランスとイギリスに複数の大規模なブドウ畑を所有していた。ソラルは隣に住むこの家の運転手と友人になり、彼から現在の雇用主の執事に紹介された。このことからも、周囲に恩恵をもたらす使用人人脈《ネットワーク》の威力が推し量れる。ソラルも人脈《ネットワーク》を利用して料理見習いを雇い、より大きなチームを指揮したいと思っている。地域での彼の評判は高く、「ワンランク上を目指す」ようボスを説得できると考えている。目下期待をかけているのがボスの孫娘の結婚式で、大人数の部下を指揮して実力のほどを証明できると見込んでいる。

私はこの邸宅が立つ地区の貴族たちと会ううちに、皆がソラルを知っていることに気づいた。ほとんどの人は、雇用主の家で彼の料理を食べたことがあり、彼らの使用人も皆、ソラルを知っていた。彼らにとって、ソラルはキャリアと社会的栄達の理想像だ。使用人はよく、富豪に仕える様々な特典を強調するのにキャリアを積んだ同業者を手本として引き合いに出す。こうした手本にまつわる話は周囲(地域、建物、町、さらには地方)に広まり、新参者たちに語りつがれ、使用人職の「錯覚《イリュジオ》」を形作る。*a 使用人たちが「ゲームに参加するうちに本気になり、ゲームをする価値はあると信じる」ようになる理由はここにある。(10) 使用人の世界の「ゲーム」にはいくつかのルールと利益があり、本書でも次章以降、これを取り上げる。キャリアを積んで成功することはそうした利益の一つで、様々な幻想をかきたてる。学歴があり、すでに安定して高報酬の職に就いている人でさえ例外ではない。実際、個人宅に勤める料理人の中には、高級レストランのウェイターや料理人だった人もいれば、職業適性証を持った、あるいは調理学校出身の総菜職人や菓子職人もいる。彼らにとって富豪の料理人という職は経済的利益だけでなく、さらに重要な利益——ある種の箔——ももたらしてくれる。自分が洗練の象徴と見なす相手から能力をほめられ、評価され、しかもその洗練に自分も直接寄与できるのだ。もちろん、その他のセクターでも、使用人職は出世の足がかりとなりうるし、富豪に認められることでその能力にお墨付きが与えられると同時に、使用人自らもプロとして、富豪の社会的優越性を強める。

高学歴者も使用人職に魅了され、執事、アシスタント、女中頭として就職する。私が会った使用人のうちほぼ半分が、職業適性証からバカロレア＋5〔日本の大学院修士課程に相当〕までの有資格者で、四分の一が主にホテル、レストラン、マネージメント、ビジネス、児童関係の分野でバカロレア＋3〔同、学士相当〕ないしは十五の資格を持っている。フランス全国で個人宅勤務のサービス業従事者のうち、バカロレア〔高等学校教育修了資格〕以上の有資格者は一〇人に一人であることを考えると、この数字は意外に思える。(11) 富豪の使用人はどちらかと言えば学歴が高く、他所で得るよりも充実したキャリアを期待

＊a　社会学者ピエール・ブルデューは芸術や知の世界の例をもとに「イリュジオ」〔錯覚や思い込み〕という概念を提唱し、こうした世界では、物質的なもの以上に象徴的なこと（有名になり評価されること、ある価値観を擁護すること）が人々を「ゲームへと」駆り立てると論じた。

してこの世界に入る。

　使用人職の「イリュジオ」を明確に観察できるのが移民の庶民階級で、「イリュジオ」は幻影と社会的栄達の夢を膨らませ、豊かな国に行けば成功が約束されているかのように思わせる。[12]それまでの歩みを語る使用人は、自分は両親が耐えねばならなかった重労働に社会的復讐を果たしていると胸を張る。彼らは、働きたがらない「役立たず」の移民というステレオタイプとは正反対の態度をとることで、フランスにおける構造的人種差別をやんわりと嘆く。[13]外国で生まれ、あるいは移民の両親を持ち、大半が非白人である彼らの経歴は、富豪たちから認められ、彼らに犠牲にされる努力を物語っている。

「ボスのおかげで成長できる」

　富豪の使用人職は魅力的だ。昇進の助けになりそうな裕福な雇用主の家で働けるのだから、なおさらだ。マリウスは、ほかでは絶対に身につけられなかったであろう知識、ノウハウ、振る舞い方を教えてくれた雇用主への感謝の念を繰り返し口にした。ほぼ完璧な英語、場に応じた服選び、適切な所作や目くばせ、優雅な身のこなし、そして何よりも貯金と投資の仕方を学んだ。現在、彼は妻と住むニューヨークのアパートを含め複数の不動産を所有している。ニューヨークの物件はボスのアドバイスを参考に購入し、見学にも同行してもらい、ボスの友人である不動産会社の社長と値段交渉までしてもらった。こうして彼は如才ない雇い主から恩恵を受け、富豪が得意とするゲーム——金銭を管理し、利益を最大限に活用し、妥当な買い物をし、節約する——になじんだ。こうしたライフスタイルを形成する様々な要素を、使用人たちは富豪である雇用主を通して学ぶ。(14)もちろん雇用主ほどの元手はないにしても、その行動にヒントを得、アドバイスを求める。

私は今でも、キッチンで話したときにソラルが口にした、「ボスのおかげで成長できる」という言葉を覚えている。この言葉は富豪の日常を間近で目にする多くの使用人の心境を表している。使用人たちは富豪のために料理することで、新しい食材、料理、栄養ルールを学習する。彼らの服にアイロンをかけたり、服を着るのを手伝ったり、なめらかなテーブルクロスやシーツに触れたり、刺繍をほどいたりすることで、質の高い素材や何がよい趣味とされるのかを見分けられるようになる。雇用主が他者とどのように接するか、表情、挨拶の仕方、座り方を観察して社交ルールを学び、自分も社交の場で悠然と振る舞う。展覧会やコンサートに同行し、雇用主のために本を注文し、オペラハウスのニュースレターの購読を申し込み、絵画や彫刻やガラスケースの埃をはらいながら、支配的な歴史的・芸術的文化に触れる。こうして彼らは、雇用主の職業に応じた特定の分野で知識を深める。美容整形手術の手順、公判手続き、都市計画や人員整理の交渉、ファッションショーや財団の発足セレモニーの準備。使用人たちは雇用主を通してその職業を生きる。あまりにどっぷりとつかるので、彼らのために働いているのではなく、彼らと一緒に働いているような錯覚さえ覚える。そのため、インタビュー中に混乱が生じることもある。たとえばフィリパに、インタビュー前の行動を聞いたときのことだ。

「遅刻なんて気にしないで。忙しかったの？」

「そうなのよ！　私たち、表紙を選んでいたところだったの。難しいのよね。どの写真もよくて、選ぶのに苦労したわ」

「表紙？」

「そう。数週間後に本が出るのだけれど、まだ表紙が決まっていないの」

「でもあなたも、雇い主と一緒に選んだの？」

「ええ！　私が写真を見せて、奥様がいいかどうかを決めるの。それを私が整理して、書類にまとめて、提出するのよ。でも今朝は時間がかかったわ。だってどれもよかったのですもの」

フィリパの言う本とは、彼女の女性雇用主が勤務する出版社から刊行される現代詩選集だ。フィリパは家政婦で、四六歳のアルゼンチン人。離婚していて、三人の子どもがいる。亡父は染物職人で、高齢の母は今でもアルゼンチンで個人宅のリネン類管理係として働いている。私はフィリパにスペイン語で話しかけたが、彼女はフランス語で答えた。そこで私はフランス語で会話を続けたが、雇用主と一緒に写真を選んだかどうかはスペイン語で聞いた。主語の「私たち」「彼女」「私」を混同していると思ったのだ。だが彼女は母国語でも「私たち」と言い、雇用主と同化していた。この「私たち」という主語は、雇用主の考え方や行動に自分を重ねがちな使用人の発言に頻出する。出版社のアートディレクターを雇用主に持つフィリパは、写真史や出版の分野に相当な知識を持っている。教養の深い女性に五年間仕える中で、書類を分類し、たくさんの古書や写真を整理し、会議やオープニングセレモニーや本のサイン会に出席している雇用主を待つ間、オフィスの巨大な本棚から本を取り出して、何時間も読みふけった。だが彼女には、決定権は一切ない。写真の選択の話は、彼女のアドバイスが求められない多数の例の一つで、この非対称的な関係ではそれぞれが自分の立場を保っている。それでも、フィリパは雇用主の選択をあたかも自分の選択であるかのように受け止める。「いずれにせよ、私たちの趣味は同じなの」という彼女の言葉には、「私たち」という主語の意味が明確に表れている。

調査で会った使用人たちは、雇用主の寛大さをほめた。それが彼らの役割でもあり、雇用主が善良な人であると示すのも彼らの仕事だ。だがいくらほめられようと、その寛大さには程度差はあれ明確なルールがあり、超えてはならない一線や限界が定められている。フィリパの雇用主は、彼女が表紙用の写真についてコメントすることを決して明確に禁じないが、フィリパはコメントしてはならないこと、聞き役に徹し、写真を眺め、雇用主の言葉や言いたいことを理解し、相槌を打つだけで満足せねばならぬことをわきまえている。雇用主と使用人の関係は従来の職業関係にとどまらず、師弟関係と親子関係の中間に位置する。この関係は社会化的な次元を持ち、同じ世界ではないにしても同じ家族に属しているというもう一つの「イリュジオ」を助長する。富豪の家に就職した使用人たちは、あなたは家族の一員だと言われる。彼らに支払われる賃金、贈られるプレゼント、あてがわれる部屋、彼らが読む本、聴く音楽、夕食会のためのテーブルセッティングや服の選び方の根本には、雇用主の父権主義的態度が横たわっている。彼らの庇護を受けることで夢が膨らみ、夢は雇用主への感謝の念を生じさせる。雇用主は金銭、ルール、価値観、趣味の分野で、案内人や助言者の役割を進んで引き受ける。特に貴族でこの傾向が顕著だ。彼らの祖先、祖父母、両親、そして彼ら自身も、使用人と共に育った。彼らにとって使用人は生活の一部、家族の一員であり、そのために使用人を我が子同然に遇するという使命に邁進する。ソラルのような使用人が「ボスのおかげで成長できる」と考えるのも、理由あってのことなのだ。

調査を通して私が会った多くの雇用主は、使用人は「実の子のようなもの」と断言した。彼らは、自分たちが使用人を家族として受け入れていることを何よりも強調する。次に挙げるメールのように、私の質問に先手を打つ人もいた。差出人は八九歳の貴族フランソワーズで、内容はインタビューの申し込みに対しての回答だった。

「喜んで貴女の調査に協力したいと思います。使用人は私たちの財産であり、家族です。私は昔から女中頭たちととても近い関係にありました。こうしたことを貴女と共有できれば嬉しく存じます」

数日後、私はフランソワーズのパリのアパルトマンで彼女と会い、午後一杯かけて、幼少期、士官との結婚、引越し、バカンス、子どもたちのことについて話を聞いた。彼女は専業主婦だったが、従兄弟の開業医のもとで医療秘書として数年間働いたことがある。女性としての人生のこのちょっとした寄り道を同じ階級の女性たちは批判したが、夫は背中を押してくれた。フランソワーズは自分が役に立っていると実感したかったし、仕事の世界も体験してみたかった。彼女が働くことができたのは、留守中子どもたちの面倒を交代で見てくれた二人の使用人のおかげだ。「母と同じように私にとっても、家で人の助けを借りるのは普通のことでした」。彼女は実家で働いていた一一人の使用人に囲まれた実母の写真を見せ、一人一人にまつわるエピソードを語った。料理人のマルティーヌは、焼き立てのマドレーヌをこっそりとくれた。庭師のアルフォンスは自分と二人の兄弟のために、庭の奥に掘っ立て小屋を作ってくれた。父の運転手の一人だったスレイマンは、雨の日には時々学校まで送ってくれた。フランソワーズがアルバムをめくり、彼女の指示に従って私が本棚から本を取り出す間、女中頭のオクサナがお茶を出してくれ、数回、何かご入用のものはありますでしょうかと聞いてきた。そのたびにフランソワーズは、「いいえ。ありがとう、私の娘《マ・フィーユ》」と答えた。

オクサナと三三年間生活を共にしてきたフランソワーズは、五九歳になる彼女のことを実の娘のように思っている。「私たちの年の差は三〇歳ですから、娘と言ってもおかしくないのです」。彼女はロシア語しか話せなかったオクサナにフランス語を教えたこと、窮状から救い出してやったことを語った。ロシアで無理やり結婚させられそうになったオクサナは母国を離れ、フランソワーズの通っていた教会にやってきた。当初は司祭の世話になっていたが、フランソワーズが使用人として引き取り、洋服代や医師の診察代を全額負担して、バカンスにも連れていった。三〇年以上続く共同生活を語るときのフランソワーズは、オクサナを実の娘のようにも実の母のようにも愛していると繰り返す。「ギブ・アンド・テイクなのですよ」と彼女は言う。幼い頃から使用人の世話を受け、長じて後は自分が使用人たちの面倒を見る。今度はオクサナが老いたフランソワーズの世話をする番だ。昔のようにオクサナにものを教えたり「たくさんのプレゼント」を贈ったりするほどの気力はないが、自分が死んでもオクサナは息子や孫たちの面倒を見てくれることを知っている。その後は息子たちがオクサナの面倒を見て、「静かな年金生活」を保障してやるだろう。

こうしたエピソードは決して目新しいものではない。一九〇〇年頃のフランスでは、農村部から多くの女中がパリに流入したが、彼女たちは自分たちを教育して、面倒を見てくれる家族に仕えたいと希望していた。(15) その後移民の流れは変化したが、現在でも女性雇用主が、立場が弱く無学とされる使用人の面倒を見るのは当然のことと考えられている。母権支配的な発言や行動の底には、使用人を家族の一員として受け入れ、面倒を見、教育する目的がある。使用人たちは刺激、付き添い、支えを必要とする子ども同然である。その代わり強制的に(この点が両者の関係を非常に不公平にしている)、使用人たちは雇用主の世話をさせられ、彼らに仕え、その希望に応えねばならない。フランソワーズのケースは、使用人職や、より広範には個人宅でのプロのサービス業や介護職でよく見られる贈与と対抗贈与のロジックを想起させる。(16) 使用人は口頭で倫理契約を結ぶが、その契約は非対称的でありながら、相互に世話をし合う義務を課す。

富豪たちは使用人を家族の一員だと公言し、自分たちは彼らを救っている、彼らの幸福の責任を担っていると示すことで、彼らに仕えられ、支配を及ぼす権利を獲得する。これは使用人職の「イリュジオ」を成立させる一要素であり、雇用主と使用人の非対称性は、前者が庇護者として発言し行動することで、埋め合わされ、隠される。すなわち象徴的暴力の一形態である。[17] オクサナは身体的暴力によって、フランソワーズとその家族に生涯仕える使用人にさせられたわけではないが、暗黙の了解のもと、そうせざるをえなかった。というのも、フランソワーズがオクサナを救ったと断言するからだ。富豪はこうして巧みに目に見えない形で、使用人に恩義を感じさせる。

第二章　富豪の望み

パリ。七月、午後。ブリュノはジョッキークラブ（本家イギリスのそれを真似て一八三四年にシャンティイで創設された競馬愛好者の会員制紳士クラブ。現在はパリにある）のウエイター、ジョゼフにお茶とフルーツジュースを頼んでから、ソファに身を沈めた。「ここはね我が家同然なのですよ。サービスもいい。私たちの間ではそういうものなのですよ」と彼は満足げに語る。「私たち」とは、選ばれた人だけしか入会できないこの社交サークルのメンバーで、[*a] ブリュノのようなフランス貴族を指す。私が「貴族に引き継がれる遺産、神髄とは何なのか」を理解できるよう、ここでのインタビューを提案したのは彼だ。ジョッキークラブに正式に出入りできるのは会員の貴族男性だけなので、私たちは女性も入れるビジター用サロン

＊a　二〇一五年時点で、パリ・ジョッキークラブの会員は一二二四人。うち一〇二三人は通年会員（同年の年鑑に掲載された数字）。

で話をした。私が目にしたウェイターたちも男性ばかりで、ブリュノはこれを、質の高くまじめな仕事の証だと考え、毎月何回かここに足を運ぶ。シャンゼリゼ通りのすぐ近くの建物に入っているこのクラブの目的は、「いい関係の維持」だ。彼はここで「重要事」を話すだけでなく、くつろぎを楽しんでもいる。その主な理由の一つがサービスで、彼の言葉を借りればそれらは「貴族文化」を体現している。ジョゼフのようなウェイターは控えめでいながら気が利き、礼儀正しく、小ぎれいで、話し方も所作も優雅だ。「こうしたものを失ってはなりませんよ」とブリュノは、飲み物を持ってきたジョゼフにうなずきかけながら語る。「ここは素晴らしい場所だ。そうだろう、ジョゼフ?」そして相手の答えを待たずに、「ジョゼフは私たちのことが大好きだし、私たちも皆、彼のような人を独り占めしたいと思っているのですよ」と言った。

ブリュノの使用人はマザという名の女性で、「どちらかと言えば貧しい」家の出の五〇代のスペイン移民だ。成人後にフランスに移り、一五年前から使用人として働いている。家事、買い物、料理、アイロンがけのほか、ブリュノの代わりにこまごまとした注文をしたり、自動車エンジニアである彼の仕事の書類を整理したりする。住まいは家の中に与えられた一部屋だ。ブリュノには妻も子どももおらず、二度目に会ったときには、「誰かいい人を見つけなくてはね!」と冗談めかして言った。この時は、彼が祖父から相続したパリ一三区のアパルトマンで会った。ブリュノは一日中、時には週末にも働き、夜になると友人や同僚と一緒に一杯飲んだり、夕食をとったりする。毎日が多忙で、家のことや料理には手が回らない。しかも幼い頃から使用人に囲まれて育ち、つねに使用人がそばにいた。「私たちの間ではそういうものなのですよ」と彼は繰り返し口にした。ジョッキークラブでも自宅でも、彼にとって人に奉仕されるのはごく自然なことだ。悲しいことにメンバーの中には、もう使用人を抱えるほどの財力のない人、彼の言葉を借りれば、「貴族文化」ならではの生活を楽しむすべ《アール・ド・ヴィーヴル》を様々な理由からあきらめねばならない人もいる。代々受け継がれてきた遺産のおかげで莫大な財産を所有する彼は、今の生活レベルに大きなこだわりを持っている。私は彼に、マザなしで生活していけるか聞いてみた。虚を突かれた彼は少しの間考えこんで、確信に満ちた、しかし驚きの混じった様子でこう答えた。「いやいや、無理ですよ。それに、彼女を手放さなければならない理由なんてないでしょう！」

使用人という「必需」

二〇世紀初頭、特に二つの世界大戦に挟まれた時期、フランスでフルタイムの使用人を雇う家族の数は激減した。(1) とはいえ現在でも、一握りの大富豪は一人ないしは複数の使用人を雇っている。中には、ブリュノのように代々の遺産を受け継ぐ者もおり、貴族層の全体的な没落にもかかわらず、一部の貴族はかなりの資産を所有している。(2) あるいは、最近になってから富を手にした新興富裕層《ニューリッチ》もいる。たとえば、ビジネスや金融の世界で超高報酬の職に就いている人々だ。(3) ブリュノも含め、私が会った富豪たちにとっては、使用人のいない生活など考えられない。貴族は使用人を雇うことを文化の一部と位置づけ、ニューリッチは当然かつ必要不可欠なサービスと考える。

当然のことながら、使用人を雇うという特権を獲得できるのは莫大な資産があればこそで、富豪たちもこの点をわきまえている。だが彼らにとって、人に仕えられるのは、「快適さ」を求めてのことではなく「必需」だ。ある富豪から、使用人の存在は酔狂なのではなく必要不可欠だと初めて説明されたときには、皮肉かと思った。ほとんどのフランス人が使用人なしで生活しているのに、そうした「必需」を信じられるはずがない。そもそも歴史家たちが、貴族の使用人は華々しさを演出する手段であると論じたのは、使用人が第一に飾り物であり、結局は社交界で貴族を引き立てるたくさんのアクセサリーの一つに過ぎなかったからだ。(4) 高齢者や障害者や他者の助けを必要とする人が自宅でのサービスを必需とするのはよくわかる。(5) だが社会学者としては、使用人に任せている作業を自分でこなせるだけの肉体的・精神的能力があるのに、複数の使用人たちに仕えられるのが当然だと考えることには手放しで同意できるわけではない。

富豪たちが繰り返し口にする「必需」という言葉は私の心に引っかかった。彼らは何が言いたいのだろう。彼らにとって使用人が重要な存在であることをはっきりと理解したのは、マーガレットとフィリップ夫妻が四人の子どものナニー探しについて話し合っているのを聞いたときだ。二人ともフランス人のエンジニアで、パリの超裕福な貴族の出だ。私はこの家で、パートタイムで料理助手とベビーシッターをしていた。ほかに、家政婦兼リネン類管理係のマノン、運転手のパトリックの二人がフルタイムで働いていた。私は応募したときには、実地調査の一環であることを告げなかったが、面接では使用人についての研究をしていると話した。誰から見ても、私はお金を稼ぎたい一学生だったが、彼らの同意を得てインタビューを録音し、堂々と調査を行って、彼らの言葉や私の観察を研究に生かしたいと考えていた。マーガレットもフィリップもマノンもパトリックも子どもたちも、私の研究を面白がると同時に警戒したが、匿名と秘密保持を条件に調査に同意した。話を元に戻そう。マーガレットは悩んでいた。彼女は、私がいない日の放課後や週末に子どもたちの面倒を見るフルタイムのナニーを探していた。だが「掘り出し物」を探すだけのエネルギーに欠け、いつも「あまりにたくさんの人に煩わされている」と夫に不平をもらしていた。それでも子どもたちに最高のものを与え、自分の母がしてきたことを自分も受け継ぐという義務を引き受ける以外に道はない。母もナニーを雇い、マーガレットと兄弟たちの世話をさせていた。マーガレットは迷いとあきらめの間を行ったり来たりし、夫は受け身の姿勢だった。彼女が夫の前で絶えず口にする「～しなければならない」という言葉は、彼女を正しい道に戻そうとする命令のごとく響いていた。

私はこの「しなければならない」を聞くと、独立事業者カトリック運動（ACI）〔一九四一年創設、生活と信仰の統合や信徒の団結を目指す運動〕の記録文書を調査していたときのことを思い出す。一九六〇年代、フランスのブルジョワや貴族たちの多くがACIに参加した。国立カトリック教会文書館（CNAEF）に保管された文書の中には、当時のメンバーの財産に関する調査報告書も収められていて、「家庭内の快適性維持のための有形資産」というカテゴリーには「使用人」の項目があり、次のような説明が付されている。「ある社会階層では、ごく切り詰めた日常生活を隠蔽するために大宴会の開催を強要する、ある種の隷属状態が存在する」(6)。当時、運動に参加していた貴族の一部は、比較的困窮してはいても、自らの社会的地位にふさわしくなくなることを恐れて使用人を雇い続けた。こうした地位の維持義務は現在でも存在する(7)。しかし筆者が会った富豪たちは金銭の心配とは無縁だ。マーガレットのように、家に多くの人が出入りすることに疲れを覚える女性もいるが、それも束の間のことで、人を使うという

「必需」と義務に引き戻される。

維持すべき地位

歴史家アンヌ・マルタン=フュジエは一九〇〇年のパリの使用人について、「貧窮は女中の不在から始まると言える」と論じた。一八五二年の時点で、労働力人口の一四人に一人、労働者の三人に一人が使用人だった。(8)労働者やしがない被雇用者、芸術家を除き、ほとんどの家に女中が一人はいた。一九世紀末には女中の雇用はさほど高くつかなかったので、大金持ちでなくても雇えたのだ。現代の状況はまったく違っていて、使用人を雇える人と、雇えないその他大勢の間には明確な社会的・経済的分断があり、使用人を雇うこと自体が金持ちとその他の人々とを分けている。使用人を抱えるマーガレットは、一族の遺産と伝統、すなわち家名、社会的地位、生き方、特権を継承しており、娘や息子にも「優れた人に囲まれて」いてほしいと考えている。二〇年以上前に初めて使用人を自分で雇ったときも、母が手伝ってくれた。ある日いつもより早く仕事から帰宅した彼女は、私が夕食を準備する間、お茶を飲みながら子ども時代のことを語った。一〇歳のとき、母が運転手を雇った。彼はオープンカーで学校の送り迎えをしてくれたので、皆の注目を浴びた。「どの子も良家の子女だったけれど、皆が運転手を雇えるほど裕福なわけではなかったの」。それでも「評判は守らねば」ならないし、今でも彼女は何としても「評判」を守ろうとしている。運転手を雇わなければ両親を落胆させる。両親は今まで、娘が自分たちと同じ生活レベルを保てるよう手を尽くしてくれたのだ。

マーガレットやブリュノのような貴族にとって、使用人の雇用は評判を守り、「貴族文化」への帰属を明示することを意味するが、最近になって財を成した富豪の事情は少し違う。彼らにとって使用人を雇うことは、周りの富豪に対して自分の正当性を証明し、自分はルールを知っていると示すための手段だ。ニューリッチは社会的地位を守る以前に、まずそれを手に入れねばならない。カリムとケティ夫妻もその一例で、二人の子どもと一緒にロンドン中心部の邸宅で暮らしている。フルタイムで働く三人の使用人——女中、運転手、ナニー——がおり、前者二人はモロッコ出身で三〇代後半、最後の一人は二五歳のイギリス人で、ロンドンのナニー専門学校を出ている。カリムはトレーダー、ケティは多国籍大企業で営業を担当している。イギリス北部出身のケティの両親は労働者で、彼女も使用人に育てられたわけではない。カリムはモロッコ南西部のアガディール出身。両親は商売をしていて決して裕福ではなかったが、家には女中が一人いた。カリムの従姉妹にあたり、住み込みで掃除と料理をし、学校にも通わせてもらっていた。カリムとケティは学生時代にオックスフォード大学で出会い、一緒に住み始めると同時に、一週間に数時間パートの家政婦を雇うようになった。結婚後はロンドンの高級住宅地に引っ越し、近所の人と同じく、フルタイムの使用人を雇うことにした。

ケティ：確かにこの地区に来たときは、本当にどの家も、少なくとも女性一人を雇っているのを見て、不思議に思ったわ。そうした女性は毎朝出勤してきて夜まで働くか、住み込みの人もいたわね。掃除、アイロンがけ、料理、ちょっとした作業の手伝いをするの。休憩時間にお屋敷の庭に集まっているのを見かけて、割と早いうちから近所の人ではなく、近所の人の家に勤める女中たちだとわかったわ。

カリム：そうだね。僕はケティほどは驚かなかったと思う。モロッコでは女中を雇うのは当たり前だったし、さっきも言ったように、僕自身の家もそうだったから。両親は僕らの友人や僕らみたいにお金持ちではなかったけれど、向こうではそれが普通なのさ。

ケティ：確かにカリムは私ほど驚いていなかったわね。

カリム：そもそもジェニー(以前いた家政婦)を雇ったときも、ケティは、何て言うのかな、戸惑っていた。どうしたらいいかよくわからなかったんだろう。僕にとっては普通のことだったけれどね。でもここに引っ越してきたときには、「よし、レベルをキープしなければならないな」と思ったよ。ここで言う「スタッフ」っていうやつのね。

筆者：レベルをキープ？

カリム：そう。レベルに見合うように暮らすということさ。ある世界に属していると――僕たちの場合は金融やビジネスの世界だけれど――、人材が必要だ。そういうものだよ。それがレベルであり、庭師付きの豪邸に住んで、子どもをロンドンで一番いい私立校に通わせて、自分たちは、何だろうな、はるかかなたペルーから取り寄せたサラダとかを食べなきゃいけないんだ(後略)。

ケティ：私はとにかく選択肢はないと思ったし、今では友達になったけれど、近所に住む女性たち、それに同僚たちからも、使用人はいい人か、仕事はできるか、どんなバカンスをプレゼントするかなどと聞かれて、プレッシャーを感じたわ。同じようにしないと、会話に入れないし……。

カリム：社会からずれてしまう。

ケティ：そう、まさにそれ！

カリム：それに当然、あの人は本当に成功しているのかと疑われるしね。

ケティとカリムにとっては、友人(銀行家、トレーダー、民間企業管理職、弁護士、医師)から財力を疑われるなど論外だ。後日カリムが笑いながら言ったように、使用人は「パッケージ」の一部だ。ケティは使用人の存在になかなかなじめないと言うが、彼らにそれ以外の選択肢はない。さもなくば、友人との会話で使用人とのトラブルが話題にのぼったら何と言えばいいだろう。人を雇ったり、人から敬われたりされない人が、自分は敬意に値する存在だとどう証明できるのだろう。

富豪の仲間入りをするには、使用人が不可欠だ。だがここにも分裂と等級がある。使用人職は富豪とその他を分け、富豪同士をも分ける。「車と同じだよ。最低限持つべき車があって、さらにサイズとかイケてるモデルにチェンジすることでレベルアップするんだ。リミテッドエディションとかオーダーメードの車なら最高だ。本物のお金持ちだとわかるからね」。こうユーモアを交えながら語るルドヴィックは企業経営者で、三人の使用人を雇っている。使用人の数も、資産レベルを計ったり比べたりするときの物差しだ。

貴族でオーケストラ指揮者のヴァンサンにとって、フルタイムで働く複数の使用人の存在は「贅沢の極み」だ。よく招いてくれる裕福な友人の家には、「大艦隊ほどの数の人」と「燕尾服を着た執事」がいる、と彼らの「見栄っ張りの面」を冷やかし気味に語る。彼は両親から、裕福であることをあまり見せびらかしてはならないと言われ、「お金を持っていることを感じさせ」つつ、「実際にどれくらい持っているかは曖昧にしておく」くらいのほどよい態度をとるようにと育てられた。現在は普段住んでいる屋敷だけで一〇人ほどの使用人を抱えるような人たちとも付き合いがあるが、「少しやりすぎだ」と感じている。彼は「成金」の友人たちを批判し、「成り上がり者」と呼ぶ。彼がこうした人々と知り合ったのは、ジョッキークラブではなく、ニューリッチにも開かれているパリの社交サークル、アンテラリエ〔「第一次世界大戦の連合国」の意。大戦中の一九一七年、連合国同士の連携強化のために設立された〕だ。[9] ロレックス、ランボルギーニ、たくさんのグッチのバッグ、一〇人ほどの使用人たち。それがそこに集まるニューリッチの目印だ。ヴァンサンは遠くからでも「生粋の貴族」を見分けられる。彼らは「気取っていない」からだ。彼はアンテラリエの夕食会では貴族たちと同じテーブルにつき、ニューリッチやその他の人々もそれぞれ仲間内で固まる。ニューリッチとは、会がお開きになる頃にバーで会うか、会員制バカンスクラブ〔会員になると有名リゾート地の高級ホテルや施設を優先的に利用できる〕で一緒になる。こうした付き合いは気晴らしにはなるが、自分の身分には釣り合わないと彼は考える。けれども「ビジネス」の役に立つことはあるので、付き合っておくだけの価値はある。

ニューリッチの中には驚くほどの資産家がいる。ヴァンサンと付き合いがあるのは、経済学者が「ウルトラリッチ」[10]と呼ぶ富豪の中の富豪で、彼らの資産は金融、企業活動の利益、不動産、芸術品を通じて増え続ける。さらに貴族と結婚してその遺産を受け継ぐ者もおり、貴族たちは彼らの財力の恩恵を受ける。あるいは貴族の資産を買い取る者もいる。[11] 平均的には、もっとも多くの不動産や使用人を所有するのはウルトラリッチだ。このため多くの貴族は自分たちの「文化」(使用人はその要)を盗まれたと感じ、ウルトラリッチに苦い思いを抱き、あげくには彼らの使用人たちを揶揄する。曰く、あの家の使用人は服装がなっていないない(古めかしい、だらしない)、無作法だ、金のことしか頭にない、主人に対してあまり忠実ではない等々。つまりこうした「偽りの」使用人は、ウルトラリッチを反映する存在であり、ウルトラリッチ自身も優雅ではない、趣味が悪い、うわべだけは親切だがとてもよそよそしい、使用人を非道に扱っているなどと言われる。貴族にとって、ウルトラリッチはいくら裕福であろうと詐称者であることに変わりはなく、召使いの「扱い方」も知らない。彼らは資産を見せびらかすためだけに、クラシックカーを買うように使用人を雇う。何人もの使用人を雇えるほど裕福なウルトラリッチに対し、貴族はそうした特権を社会的汚名と見なし、彼らの身分にある種の軽蔑を示すことで、その権威を失墜させようとする。(12)

一方、ニューリッチも貴族を揶揄する。フランスに住むアメリカ人の大富豪ジョアンは、初めて電話で話したときから、自分は「伯爵閣下」とか「侯爵夫人様」とは違って一九世紀の住人ではないと語っていた。この呼び方は、ムジェーヴ(フレンチアルプスの高級スキーリゾート地)でスキーバカンスを過ごしていたときに意気投合した二人の人物に彼がつけたあだ名だ。曰く、二人とも感じはいいが「古くさくて」

ケチで、「見た目通り」使用人は一人しかおらず、行く先々に同行する。「女性の方は三五歳だけれど、ロングドレスを着てホワイトカラーをつけていて、五五歳かと思ったよ。小説の登場人物みたいだ！」と彼は尊大に語った。

この言葉は社会学者ノルベルト・エリアスとソースティン・ヴェブレンが、貴族階級における奢侈品消費の独特かつ誇示的動向について論じた研究にも通じる。[13] 実のところ、ニューリッチも貴族も、実際の行動にはかならずしも当てはまらないステレオタイプを根拠に互いを批判している。この二つの社会階級はライバルであり仲間だ。似通っていながら別々で、交流しながら避け合っている。ヴァンサンにとって、燕尾服の執事は大富豪の見せびらかしの決定的証拠であり、ニューリッチの側も同じ人物像を持ち出して、貴族がどれほど「時代遅れ」かを語る。だが調査中、私が燕尾服を着た執事に会ったのは一度だけで、それもフランスの伯爵夫人が主催する、比較的最近財を成した一〇〇人ほどの大富豪を招いた大セレモニーでのことだった。燕尾服、黒いワンピースに白いエプロン、被り物、上着姿の使用人は稀で、執事はたいていズボンとTシャツか、冬は暗い色、夏は明るい色のシャツ姿で、社交行事ではスーツやワンピース、仕立て服を着る。どの雇用主も使用人の洗練度や清潔度には神経をとがらせているので、使用人を見ただけでは、ニューリッチの家で働いているのか、貴族の屋敷勤めなのかを見分けるのは難しい。使用人たちの服装には、富豪の違いは表れないのだ。しかし貴族もニューリッチも、使用人の数、年齢、性別、肌の色、国籍、髪の色、言葉のアクセント、体形などいくつもの身体的特徴をもとに互いの趣味を推し量る。使用人の専門分野も重要で、もっとも豊かな富豪(もっとも多くの使用人を抱えてもいる)には、一見常識外れの専門分野にも人を雇い入れるほどの余裕がある。「バラの管理人」ジョゼはその一例だ。この専門職を考え付いた雇い主のシャルルは、城を購入したニューリッチで、バラ好きが高じて、広大なバラ園の世話をさせるためにフルタイムでジョゼを雇った。バラに音楽を聴かせたり、物語を読み聞かせたりするのも彼の仕事だ。村では、シャルルはからかい半分に変わり者扱いされているが、同時に近隣の富豪たちの嫉妬も買っている。近くに住む貴族マリー＝エレーヌは、「私のところには平凡な庭師が一人いるだけです。確かにバラの管理人を雇うなんて思い切ったことですし、鼻もちなりませんが、私は感心しておりますわ。何しろ話題を提供してくれるのですから」と語る。

「バラの管理人」は無駄な使用人の典型に見えるが、他者と一線を画すことが富豪にとっていかに重要かを体現している。彼らの間ではお金を持っていることなどごく当たり前なので、自分が特別であることを示す別の方法が必要だ。使用人の存在は、その他の特権同様、あらゆる場における競りのロジックが具現化したものである。というのも、名声が関係と結束を強めるという意味で、競りのロジックは本質的な要素だからである。私がジョゼと会った当時、彼の雇用主はあるアジアの大国への高級花、特にバラの輸出プロジェクトを手がけていて、取材陣がインタビューをしに家にやってきた。私も同席したが、シャルルはバラの美しさと香りを最大限引き出すため、ジョゼをはじめとする庭師たちが丹精込めてフランスで栽培する予定だと明言した。同じく富豪の友人の中には、このプロジェクトにほれ込み、投資を決めた女性たちもいる。ジョゼは新規の「バラの管理人」たちの養成を任され、ゆくゆくは数千ユーロの報酬が約束されている。

時は金なり

シャルルが高級バラに投資できるのはそれだけの資産があるのはもちろん、何よりも、財力のおかげで、彼が事業に取り組んでいる間に、城や庭の世話をする六人の使用人を雇えるからだ。各部屋の清掃、四本の煙突掃除、床や壁を覆うカーペットやタペストリーの洗濯、毎晩迎える一二人の客のためのポトフやアップルタルトの調理、たくさんのバラの剪定、何ヘクタールもの芝生刈り、一〇室分のシーツの洗濯とベッドメイキング、バカンスに来る一一人の孫たちの朝から晩までの世話。シャルル一人だったら、事業を回していくだけの時間などとてもなかっただろう。使用人は雇用主の財力を誇示したり、彼らが求める特別感や評価をもたらしたりするだけの存在ではない。ありきたりではあるが、使用人とは雇用主が時間の制約から解放されてほかのこと――仕事、社交、自分のこと、他者の世話、プロジェクト、外出、休息――をできるようにするための、日常作業を請け負う労働力なのだ。

二〇世紀初頭、フランスの農村部で働く使用人たちは、農作業から台所仕事まで、様々な重労働に従事していた。[14]彼らの立場は労働者のそれに近く、雇用主は彼らの労働から利益を得ていた。現代でも使用人と労働者の状況は似ており、使用人は多大な肉体労働を通して「誰かの役に立ったり」生産したりし、[15]雇用主は商材の販売(たとえばかつての農作物販売)ではなく、時間を元手に様々な分野で富を蓄積する。富豪が使用人をこれほど必要とするのは、休息と様々な活動のための時間を確保するのに彼らが絶対必要な存在だからだ。

富豪は自分の経歴を語る中で、人生における転機とその当時の使用人との関係をほのめかす。パトリシアもこれまでにそうした転機を幾度か迎えてきた。彼女はロンドンに住むフランス系イギリス人で、高級家具を扱う多国籍企業で人事を担当している。三人の子どもがおり、夫クリストフはフランス人で、投資銀行に勤めている。彼女の実家はイギリスの裕福な医師の家庭だが、両親は使用人を雇った最初の世代だ。一方、夫はフランス貴族で、銀行家の父（本人も父もジョッキークラブの会員）と専業主婦の母を持ち、使用人に囲まれて育った。パトリシアも夫もケンブリッジ大学で学び、学生時代のパトリシアは一人暮らしをしていた。アパートには買い物、掃除、料理をする使用人が一人いて、その給料は両親が払っていた。クリストフは三人の男性と同居し、建物の管理人が週に一度掃除をしていた。

その後二人は結婚し、ロンドンの三〇〇平方メートルのアパートに移った。二人とも一週間のうち六日間、朝の九時から夜の八時まで働き、家事はリヴィアという使用人に任せていた。二年後、リヴィアが一家で母国ルーマニアに帰国した。クリストフは昇進し、ロンドンとヨーロッパ各国を頻繁に行き来するようになった。こうした変化のもと、新たに二人の使用人が雇われた。リヴィアの後任のレオニーと、クリストフが仕事で移動する際の運転手だ。二年後、二人目の子が生まれ、サラは一人目の子を出産し、赤ん坊のナニーとしてサラが雇われた。その後、パトリシアは一人目の子を出産し、サラはフランスへ帰国し、新しいナニーとしてフランチェスカが子どもたちの面倒を見ることになった。同じ頃、遅刻を繰り返した運転手のサリムが解雇され、ヴィンテージカー専門の元自動車工ジョナサンが代わりに雇われた。

クリストフはヴィンテージカーの蒐集を始め、まず一台購入して週末に乗るようになった。数年後、三人目の子が生まれ、ナニー一人では赤ん坊と二人の子どもの面倒は見きれないということで、二人目のナニー、イルダが採用された。一年後、家事担当のレオニーが引退して、ジョジーが雇われた。そして私とのインタビューの数か月前、ナニー二人が解雇され、料理人一人が採用された。ジョジーは料理から解放され、子どもの面倒と増える一方の家事に専念した。インタビューの頃、パトリシアとクリストフはロンドン近郊の三階建ての邸宅に引っ越した。

富豪はたいてい、パートナーとの同居をきっかけに共同で使用人を雇い始める。家族が増え、経済的に豊かになり、その他の資産にもアクセスし、職業上の変化が起こり、地理的移動が増えると、使用人の数も増えて職掌が専門化していく。パトリシアとクリストフはフルタイムで働き続けた。パトリシアは八時半にオフィスに着き、夜八時前に退社することはない。彼女は、毎日多忙だと言う。同僚との社内ミーティング、採用面接、解雇手続き、その他人事部が担当する様々な事務処理。インタビュー当時は、従業員が休憩時間に利用できるスポーツレッスンのコーチと、オフィスの美化を担うインテリアデザイナーを探していた。従業員の快適性向上プロジェクトも立ち上げた。快適性とパフォーマンスの関係についての調査を、人間工学の専門家と業者に依頼する予定で、知り合いで力になってくれそうな人に見当をつけている。そのため、夜はビジネスパートナー候補者との夕食や条件提示に費やされる。クリストフの出勤時間は朝一〇時だが、七時半には家を出て、銀行近くのホテルのテラスで朝食をとる。この隙間時間を利用して同僚とコーヒーを飲んだり、進行中の案件を話し合ったりすることもある。午後七時まで働き、同じホテルのバーで同僚たちと一日を振り返りながら一杯飲む。パトリシアの食事相手が知り合いの場合は、バーからレストランに移動して同席することもある。そうでなければ帰宅して、料理人が作った食事を「ささっと」食べる。パトリシアもクリストフも、使用人がいなければこうした生活は送れないだろう。三人の小さな子どもがいればなおさらだ。パトリシアは美術財団の責任者でもあり、日曜日ごとに財団活動に参加し、クリストフは友人たちとヴィンテージカーでドライブに出かける。土曜日の夜は客を迎えるが、パトリシアは午後いっぱいかけて料理したり、「カリカリ」したりする必要はない。ジョジーと料理人が買い物からメニューの組み立て、テーブルセッティングまですべてやってくれるし、客に電話をかけてレセプションの時間と場所を連絡するのも、使用人たちの仕事だ。夫婦にとって、友人や仕事関係者と安定した関係を築く上で、夕食会はきわめて重要な行事だ。

富豪は家事や子どもの世話を使用人に任せることで、時間の制約から解放され、仕事や娯楽、社会関係作りに励むことができる。使用人を雇うことは、単なる「ちょっとした安楽」や「金持ちの道楽」などではなく、経済的、社会的、文化的、象徴的支配の条件なのだ。これは特に女性に当てはまる。パトリシアが大学生活を始めると、母は娘が「男性のように成功」できるようにと使用人を一人雇った。母は以前から娘に、結婚して子どもが生まれたら使用人を雇うように勧めていた。命令と言ってもいい。学生時代に使用人を雇うことは、いつか「家を切り盛り」できるように人を使うすべを学ぶ一手段、社会的地位を維持するための、そして核となる社会関係を保ちつつキャリアを積むための一手段だ。夫は家事にはほとんどノータッチなので、パトリシアは使用人がいなかったら、自ら家事をこなさねばならなかっただろう。

女中のもめ事

私がインタビューのためにコンタクトをとった男性の多くは申し出を受け入れ、非常に積極的に使用人について語った。だが質問によっては、答えに詰まることもたびたびあった。特に、使用人たちが具体的に普段どのような仕事をしているのか、どのような基準で彼らを採用するのか、という質問である。この質問が出ると、彼らは「それは妻に聞いてみないと」「ああ、それはわかりませんね。妻だったらわかるでしょうが」「仕切っているのは妻ですから」など、妻に言及する。彼らからすれば役割分担はごく当然のことで、使用人の費用を支払うのは自分たち、「その他」は妻の仕事である。ジルにとっても、性差によるこうした役割分担は当たり前のことだ。六一歳の彼は貴族で、会社を経営し、幼い頃から使用人に囲まれて育った。

「妻は本当によくやっていますよ。その意味では私の母に似ています。母も使用人の扱いに長けていましたから。先ほども話したように、使用人をうまく扱うのは重要ですよ。私たちの間では、女性たちはずいぶん若い頃から、そうしたことを学ぶのです」

「男性は違うのですか」

「そうですね。我々は女性には寛大ですから、妻の望むものなら何でも与えますよ！（笑）」

妻に不満がないわけではない。彼曰く、妻は使用人たちの快適さを重視しすぎるきらいがあり、衝突が起きると不安がる。ジルからすれば、「女中たちのもめ事」などにつける薬はない。争いが起こって、妻からアドバイスを求められても、どちらかの肩を持つこともない。そんなことに関わっている暇はないのだ。「もめ事で頭を悩ますほどの時間もないし、やらなければならないことは山積みですからね。彼女たち（使用人）が不満なら、辞めればいいだけの話です」

一八世紀のヨーロッパで出版された家政の手引書には、しかるべき家の女性はよき主婦になるべく学ばねばならないと書かれている[16]。現代でも貴族の間ではこうした考え方が根強く残っていて、ジルを含め調査中に会った男性たちの言葉から察するに、女性が家のこと、特に家事を引き受ける使用人の管理を一手に担っている。ニューリッチも同様で、専業主婦はとりたてて評価されることなく、使用人探し、選定、管理、命令、そして叱責、トラブル解決、彼らの快適な環境作りなど家の管理を任される。裕福な女性たち自身が家事をするわけではないが、使用人との関係や感情面を引き受けている。使用人を家族の一員として迎え、彼らの思いを理解し、彼らの前で自分の感情をコントロールするのは骨折りだが、こうした目に見えない作業は、家政婦や訪問介護員を雇う富裕層以外の社会層でも女性に任されている。あたかも富豪の使用人の管理は、ほかでもない「よき妻」の管轄であるかのごとく、日々使用人たちに接し、統率するのは夫ではなく妻だ[17]。

妻や娘や母について語るときの夫、父、息子が、家庭内での彼女たちの能力を高く評価するのも偶然ではない。彼らは、女性には家のことをしたり使用人たちと関わり合ったりするための、ほぼ天性とも言える才能があると考えている。才能がない女性は、カリムの妻ケティのように、何としてもその才能を開発せねばならない。夫が妻に使用人との接し方を教えるケースはほぼ皆無で、母が手本にならない場合は、たいてい女友達か近所の女性を頼る。男性たちが担当するのは金銭面で、使用人たちの給料を銀行に振り込むか、小切手を切るか、現金を引き出して妻に渡し、それを妻が封筒に入れて使用人に直接手渡す。給料やボーナスの額を決定するのも男性だ。四五歳のギャラリー経営者ジュリーの言葉に耳を傾けてみよう。スイス人の彼女は、労働者の父とソーシャルワーカーの母を持ち、とても裕福なトレーダー、ミカエルと結婚している。

「ミカエルがいわゆる金銭面をしっかり管理していることは確かです。その点、私たちの役割分担は明確で、彼がスタッフに給料を支払ってくれますし、私よりもずっとそういったことが得意です。お金は彼の専門分野なのです。トレーダーだから当然でしょう(笑)。私は数字には興味がないので、助かっています」

「給料やボーナスの額にはノータッチということですか」

「いいえ。話し合うことはありますし、意見は一致させておきます。でも私は割とお金に無頓着で、気前よくあげてしまうのですが、彼は理性的で現実的です。給料の額を決めるのが私でなくてよかった、でないと破産してしまうもの(笑)！　冗談は抜きにして、そうしたことは私の手にはあまります。この点、ミカエルは本当によくやってくれています」

　ジュリーは、一六人の使用人の適正な給料額を決めるにはミカエルの方がずっと向いていて、浪費家の自分は、一人で決められるほど合理的ではないと考えている。さらにインタビュー中、彼女は夫がトレーダーで、数字の扱いにかけては自分よりもずっと得意だと繰り返した。夫の長所を挙げて、家の管理に不可欠な存在と述べることで(使用人の給料を払うのは彼だ)、自分に財務スキルは一切ないと言っているのだ。彼女はミカエルにとても感謝している。ギャラリー経営の収入だけでは、ジュネーヴの家やバカンス用の別荘のために使用人たちを雇うことなどとてもできない。庶民階級出身で、大学で「酔狂にも」美術を専攻した彼女は、夫なくしてニューリッチにはなりえず、恩義を感じている。ギャラリーを購入してくれたのも、現代アートのギャラリー経営者たちを紹介してくれたのも夫だ。家で働く多くの使用人もそうした「プレゼント」の一つで、気前のよさの証だ。「彼は本当に私のためを思ってくれていて、ずいぶんと助けてくれます。使用人がいなければ、一日中家事に追われていたでしょう」

　使用人職を研究する社会学者たちは、女性たちが使用人にいわゆる再生産労働の一部を任せられるようになったと指摘してきた[18]。周知の通り、どの国でも家事や子どもの世話は第一に女性の担当だ[19]。女性に付されるこうした役割は先天的なものではなく、性差による仕事の分担という概念の上に打ち立てられた社会規範から来ている。女性は家庭内での無償の再生産労働、男性は家の外での生産性の高い有償の仕事という具合である。現代女性たちは家の外で活動する権利を求めて各地で戦ってはいるが、[20] 有償活動をする場合は一日で二日分の仕事をこなさねばならない状況は変わっていない。私が会った富豪の女性たちは、自分(あるいは夫)の資産のおかげでこうした状況を免れていることをよくわきまえており、男女の使用人の存在は、[*b] 彼女たちが再生産労働から解放されて仕事や娯楽に集中するための解決策のように見える。

調査を始めた当初、私は自身の女性としての観点から、こうした女性たちはとても幸運で、好きなことができて、夕食の献立に延々と頭を悩ませたり、おむつやトイレットペーパーの買い置きが足りているか、何時に薬局が閉まるかなどと心配したりする必要はないだろう、と考えていた。だがそれは間違いだった。私は徐々に、毎日家に使用人がいても、彼女たちは完全に自由なわけではないことを理解し始めた。たとえそうした仕事の肉体的負担や不毛さから解放されても、二重の精神的負担がかかっている状況は変わらない。使用人の数が多ければなおさらだ。使用人のおかげで女性たちが再生産労働から完全に解放されるとの主張は、欺瞞にほかならない。女性が使用人の助けを借りようと、制約がすり替えられただけで、存在していることに変わりはない。つまり、使用人を雇うことを「許可し」、彼らに給料を払い、自分たちを「手伝ってくれる」親切な夫をほめることで、彼女たちはその社会環境において課された役割――活動的でありながら、第一によき妻、よき母であること――を内面化しているのだ。母としての能力は、子どもたちを世話し、発達を促し、教育するための「優れた」人材を見つけることで発揮される。こうした女性たちにとって、「よき母」とはずっと子どもたちの世話をすることではなく、子どもたちと「良質な時間」を過ごすことを意味する。家を守って使用人を管理することは、彼女たちにさらなるプレッシャーをかける。ジルの言う「女中たちのもめ事」は、決してささいなことではないのだ。

「不可能」はありえない

使用人の監督は重責だ。クラリスは四三歳。二人の子どもを持つ弁護士で、夫は投資銀行に勤めている。私たちが初めて会った日も、長女の誕生日パーティーの件で執事のリッサンドロから電話が三回かかってきた。私たちがカフェのテラスでコーヒーを飲んでいる間、リッサンドロはケータリング

＊b　ただし、筆者が会った使用人のうち三人に一人が女性だった。

業者と打ち合わせをしていた。二人は午前中のうちに、二週間後に予定されている誕生日パーティーに必要なことをリストアップしておいた。彼女はリッサンドロを全面的に信用している。彼はもう一〇年以上も勤めていて、何十回もパーティーを企画している。最初のうちはクラリスが、どのケータリング業者に連絡を取るか、どのような飾り付けにするか、招待客の席順はどうするかを指示して、一緒に場所を選んだが、今ではリッサンドロもすっかり手慣れたものだ。それでもクラリスは準備にあれこれ関わらずにはいられない。リッサンドロに電話で指示を出す合間に「私、彼を全面的に信頼しているけれど、何にでも口を出さずにはいられないの。自分でもどうしようもないのよ」ともらした。その間にも、リネン類の管理をするミレイユからスマートフォンにショートメッセージが届く。参加者が増えたので、テーブルクロスがもう一枚必要になったのだ。クラリスは「いつもこんな調子なの！」と叫び、リッサンドロなしではほかの五人の使用人に指示を出し、彼らと一日中連絡を取り合うのもままならないだろうと話した。「それでも私も最低限のことはやるわ。それに、使用人たちが家のことを切り盛りできるのはわかっているけど、放っておけないたちなの」

一か月後、私たちは再会し、クラリスは「とても満足よ。本当にいいパーティーだったわ！」と語った。今回は彼女の別荘で会い、リッサンドロもそばにいた。彼は静かに、私たちの正面にある家具の埃を払っていた。クラリスは、「ソニアが忙しいときはリッサンドロが手伝うこともあるのよ」と言う。ソニアは清掃係で、この日は別のパーティーのために別荘を隅から隅まで掃除していた。甥が洗礼を受けるのだ。新たにパーティーを準備していると聞いて目を丸くする私に、クラリスは「いつもこんな調子なの！」と口にした。夫もこうしたイベントの準備に関わるのかと聞くと、彼女は笑い出した。リッサンドロも掃除の手を止めて、私を見て「旦那様はその場を盛り上げてくださるのですよ！」と言った。クラリスも微笑みながら、「何といっても、我が家の女主人はこの私ですからね！」とうなずいた。あとから彼女は、リッサンドロにとても親近感を抱いていると語った。リッサンドロの前では自分たちの関係がどれほど大切かを認めたくないかのように、そっと「私たちは共犯者なの」とささやき、私と二人きりになると、「いい人に囲まれる」ことが自分にとってどれほど重要かを力説した。「夫は頼りにならないわ。何も知らないし、できないし、パスタをゆでたり、掃除機の紙パックを交換したりできるかも怪しいもの」。彼女曰く、夫は「計画能力ゼロ」だが「数学、数字、お金のことは得意」で、使用人に対して消極的で、ひどく口数が少ない。「使用人には必要最低限のことしか言わないの。たとえば『水を一杯ほしいのですが』といった具合よ。それ以上何も言おうともしないし、興味もないのね」。家族の日常生活がうまく回るよう、クラリスは「仕事のできる」人を選ぶ。

使用人を使うには時間もエネルギーもかかる。裕福な女性たちの要求度が高いのもそのためだ。「私は最初から言っておくの。『うちは忙しいわよ。うまく回してもらわなきゃ雇った意味がないわ』って」。彼女は一〇年前にリッサンドロに仕事を説明したときのことを今でも覚えている。「『私とは、うまく行くかしくじるかの二つに一つよ』と彼に言ったの」。ある旧友は、どうすれば使用人から敬われるか、いかに感じのよさを保ちつつ命令を出すか、こちらから言いだす前に使用人たちが先回りして希望を叶えてくれるにはどうすればいいかを教えてくれた。クラリスは自分の要求レベルはとても高くなり、「物事を放っておけなくなった」と言う。この日も彼女は私の前で、リネン類の管理をするミレイユを優しく、しかし毅然と叱った。ミレイユは別荘の庭の奥にある専用スペースにシーツを干す際、風が強かったため、飛ばないように洗濯ばさみを使った。クラリスは私と話しながら彼女のもとへ向かい、そばまで行くと空を見上げて、「ミレイユ、この洗濯ばさみはずいぶんとエレガントね！」と言った。そして別荘のテラスからでもその不ぞろいな色が見えることを教え、それは趣味の悪いことなのだと説明した。そして腹立たしげに「これはやめてちょうだい。本当に醜いから」と指示し、散歩が終わりにさしかかる頃に通りがかったリッサンドロに、次回の買い物リストに「芝生のような緑色」の洗濯ばさみを加えておくよう、買い物担当のファデラに言いつけておいてちょうだいと伝えた。ついでに大きな袋を持ち上げる仕草をして、「少なくとも一五〇個は必要ね！」と叫んだ。レコーダーとメモ帳を持って立っていた私は、彼女の怒りに居心地の悪い思いをしながら、後ろに隠れるようにしてついていった。私たちがキッチンに入ると、すでに水の入ったコップが用意されていた。彼女はそれを手に取ってじっと見つめ、浮いている氷を一つつまみ上げて「いつか彼女（ファデラ）が、氷は三個ではなく二個だとわかってくれる日が来るかしら！」と嘆いた。そしてため息をつき、カウンターの背の高い椅子に腰かけて私に目を向け、この場面を締めくくるかのように、「毎日、この小さな世界を回していくのはそう簡単なことではないの」と語った。

クラリスの要求は、たわいのない些事、金持ちの気まぐれに見えるかもしれない。使用人たち自身も、雇い主の「寝言」が理解できないときがあると述べている。だが職を失いたくなければ、雇用主の希望を叶える以外の選択肢はほとんどない。けれども洗濯ばさみの色や氷の数にこだわったり、「バラの管理人」を雇ったりすることは、取り立てて珍しい「寝言」というわけでもない。こうした要求は富豪とその使用人の間の社会的距離や、富豪が使用人に及ぼす支配を表している。ソラヤはモナコに住むアメリカ人の富豪宅で女中頭として働いている。私は試しに彼女と一緒に、彼女がこれまでの職場で見てきた、また私が調査で目にしてきた何とも奇矯な要求をリストアップしてみた。三〇代のフランスタッフのバスルームのソ系チュニジア人のソラヤとは南仏のモンペリエ近くで週末を過ごした折に出会い、私たちはビーチタオルの上に座って、果てしなくおしゃべりを続けた。リストアップされたのはこんな要求だ。スタッド・ド・フランス〔パリ北郊の大型スタジアム〕で開催される世界的スターのコンサートに行きたいから、一時間後の開演までにVIP用のボックス席をとってほしい(一か月も前から完売だ)。朝食にはきっかり一二秒間火を通した卵二・五個分のスクランブルエッグを食べたい。毎晩、庭に面した窓から花火を見ながら眠りたい。呼ばれたらかならず(何か命じられたときも)「マダム、ありがとうございます、お言葉をかけてくださって光栄です」とお礼を言わせる。起床時には、目覚ましがわりに二人の使用人にカノンを歌わせる。テーブルセッティングの際は定規で食器と食器の間の距離をミリメートル単位で計らせる。一品食べるごとに、ベビー用洗剤の匂いがする真っ白なナプキンで口と指を拭わせる等々。リストは延々と続く。ソラヤ曰く、金持ちは決して満足せず、「もっともっとと要求してくる」。彼ら自身もその点を認めているが、際限なく要求があるからこそ、それを満足させるのに適任の使用人が必要だと主張する。雇用主にとって時間と評判は重要だ。何しろ事は、権威者としての立場を保つためのあらゆることに関わるのだから。心も体も健全で、影響力があり、敬われ、感銘を与えられるような富豪になり、その地位を維持するためには、使用人が必要不可欠だ。であれば、最高の使用人を見つけねばならない。けれども、それはさほど容易なことではないのである。

第三章　いい相手

カフェのテラスで話し始めてから、もう一時間半になる。三二歳のフィリピン人アモールは、女主人とのショートメッセージのやり取りについて説明してくれた。女主人はこのカフェから数本先の通りに住んでいるが、一時間半ですでに一〇通近くのメッセージを送ってきた。アモールはあきらめと苛立ちの混じった様子で、「毎日こんな感じなの」ともらす。女主人は彼女が私と会っていることを知っているが、メッセージを送ってくるのは私たちのやり取りを監視するためではない。一一通目のメッセージが届き、彼女は「もう慣れたわ」とため息をつきながら返信した。返信の文面はいつも同じ、「かしこまりました、マダム」だ。

アモールがイヴリーヌ県〔パリ西郊。ヴェルサイユやサン＝ジェルマン＝アン＝レイなどの高級住宅地が位置する〕の邸宅に住むこの貴族夫婦に仕えるようになってから三年が経つ。女主人を満足させるためには、時間単位、分単位で何をすべきか、アモールはよく心得ている。女主人のことは知り尽くしていて、ショートメッセージの内容も読まないうちからわかっている。たいてい何かしらの指示が書かれており、たとえば私たちが話している間に届いた一一通目のメッセージには、「後でC夫妻がお茶にいらっしゃいます。アレルギーがあるので、イチゴは出さないように！」とある。彼女は私にスマートフォンを見せながら、「夫妻がお茶に来るのは一昨日から知っているし、イチゴアレルギーもわかっているわ」と言う。ではなぜ、わざわざメッセージを送ってくるのだろう。アモールの答えはこうだ。「彼女、放っておけないのよ。いつも管理していないと気がすまないの。結局、人に任せられないのよね」

それでも、アモールは女主人が自分に寄せる信頼を確信している。そうでなければ、すべての段階をクリアして、三年前に定年退職したたった一人の使用人の後任に選ばれるはずがない。「三〇年も勤めた人の後任というのも楽ではないわ」と彼女はもらす。女主人は、アモールを前任者に似せようとあらゆる手を打った。優れた人材を確保するため、採用面接を二度、前任者との面接を一度、二日にわたる実地テストを実施して、彼女の限界を試した。テストでは、五時に出勤して朝食を用意。キッチン、客間《サロン》、部屋の掃除、パンの調達、昼食の準備、再びキッチン掃除と買い物、本棚の掃除、洗濯とアイロン。急な来客のために「超特急で」スモモのタルトを焼き、お茶を出す。ティータイムを挟んで、客が帰った後はサロンの掃除、夕食の支度、サロンでの夕食の給仕、皿洗い、別棟の片付け。主人たちが寝室に下がったら、ズボンの裾かがり、ボタン付け。「これがマダムの家での朝五時から真夜中までの典型的なスケジュールよ」。テスト初日、アモールはすべてが仮想ではなく現実であるかのように振る舞わねばならなかった。「急な来客というのはマダムの友人で、彼らも私の値踏みに加わったわ」と彼女は回想する。朝食用の（手で）しぼりたてのオレンジジュース、タルト、お茶、アボカドサラダ。すべての料理が評価されたが、幸運なことにアモールは充分に予習を積んでいた。従姉妹と二人の姉妹も富豪の家で働いていたし、彼女自身も使用人として働き始めて一三年になる。情報は集めてあったし、選抜テスト前には「下調べ」もしておいた。同じ地区で働いていて、主人夫婦を知る使用人から、彼らの好みや「ちょっとしたこだわり」を聞いていたのだ。

ネットワークの威力

アモールのように富豪宅での仕事を希望する使用人たちにとって、社会的人脈《ソーシャル・ネットワーク》は重要だ。彼らもその友人や家族も、富豪に物を売る仕事や、管理人や給仕人、ガードマン、使用人職に就いており、いい話があれば情報を交換する。彼らは非常に高い確率で、転職支援企業顔負けのネットワークに属しており、使用人は仕事を探す際、特定の職種でネットワークを築いた同国人を頼る。移民や移民家庭出身の労働者ネットワークは、時にきわめて組織的だ。使用人職では、アモールも頼ったフィリピン系移民組織が、フランスやアジア、中東、北アメリカの国々で幅を利かせている。[1] フィリピン政府も一枚噛んでいて、専門訓練を受けた何万人もの女性たちの移住を仕切っている。[2] 彼女たちは国外の家庭で働く。その方が、母国で看護師や教師として働くよりも稼げるからだ。給料は国元の家族への仕送りにあてられ、労働移民は莫大な金の流れを作る。

アモールもその一人で、フランスに住み始めて一三年経つが、国の両親への仕送りを怠ったことは一度もない。パリで働く多くのフィリピン人の友人とは違い、彼女には子どもも夫もいない。すでに両親への支援だけでも大変なので、夫や家族がいなくて身軽だと彼女は語る。自己免疫系の重病を患う父をフランスに呼んで治療を受けさせ、「マニラよりもずっと信頼度の高い」病院に入れたい、と彼女は考えている。仕送り以外のお金は金属の箱に大切にしまって、住み込みの部屋に隠してある。フランスに着いた当時、友人トリシャがそうするようアドバイスしてくれたのだ。トリシャは友達であり、姉妹であり、彼女の言葉を借りれば「コーチ」、フランスでの「指針」だ。アモールはビザを取得してフィリピンを出たが、フランスでの職探しにあたって派遣所には登録しなかった。[3] トリシャが私の派遣所だ、と彼女は愉快そうに語る。幼馴染のトリシャは初めにドバイ駐在のフランス人家族のもとで働き始め、その後フランスにやってきた。到着したばかりのアモールのために、パリ一六区で最初の採用面接を手配したのもトリシャだ。どういう服を着るべきか、どう振る舞うべきか、定番の質問にどう答えるべきか、どれくらいの給料なら引き受けるべきかを教えてくれたのも、日曜日を休みにしてもらえるように交渉した方がいい(このあたりに住むフィリピン人は、毎日曜日ミサに行く)と指南してくれたのもトリシャだ。トリシャがいなければ、右も左もわからないフランスで、フランス語も話せず、独りぼっちで途方に暮れていただろうし、騙されていたかもしれない。「監禁されて、最低限の食べ物しか与えられずに奴隷になっていてもおかしくない」とアモールは言う。トリシャからは、ドバイで搾取されるフィリピン人メイドのひどい話を聞いている。ドバイでは、メイドでも建設業などの別の職種でも、ヨーロッパやアメリカ、アラブ首長国連邦の権威のもとで、何千人もの外国人が悲惨な状況で働かされている。(4) とはいえ、アモールはフランスもこうした出来事と決して無縁ではないことを知っている。スキャンダルが起こって、メディアを賑わすこともあり、二〇一九年にフィリピン人のメイドが、フランス在住のサウジアラビアの王族の一員を虐待で訴えたことは記憶に新しい。*a 現代

*a　ナンテール検事局が捜査を開始して以降、この王族に対し合計で七件の訴えが寄せられた。

奴隷制撲滅委員会（一九九四年設立、フランス国内で活動する人権ＮＧＯ）によれば、搾取がもっとも頻発する職種の一つが使用人職である。私も同じような話を何度も耳にしたが、いずれも瀟洒な地区の秘密であり、使用人たちもあえて口を開こうとはしない。アモールは、「フランスの白人はあまり疑われないが、似たようなものだ」と言う。

使用人たちがネットワークを利用するのは、なるべく早く仕事を見つけるため、そして自分を安売りしないためだ。彼らはあの手のこの手を使って、募集をふるいにかけようとする。皆アモールと同じく頼りになる人が一人か二人いて、コネを選別してもらう。彼らの目的は有利な就職だ。「有利」の定義は比較的主観的で、使用人としての前歴が多分に影響する。フランスにやってきた頃のアモールは、それほど多くを望んでいなかった。彼女が重視していたのは、月に最低一〇〇〇ユーロの賃金と住み込みだ。だが今は違う。ボーナス別で月給最低三〇〇〇ユーロ、月休四日、二年ごとのフィリピンへの往復航空券代。これが彼女の条件だ。経験を積み、富豪のネットワークを強化し、フランスの労働法を知り、同業者とやり取りするにつれ、使用人の要求は上がっていく。アモールは労働条件の交渉も辞さず、面接では気後れすることなく希望を伝える。採用されなくても、トリシャや使用人仲間の助けを借りればすぐに別の働き口が見つかるだろう。

いい仕事を見つけるには、富豪のもとで働く人、富豪とのコンタクトがある人、富豪の知り合いと付き合うことが基本だ。採用面接を通過するのに不可欠なルールを学べるだけでなく、口コミで募集情報を入手できる。近所の店やインターネットサイトにも求人広告が掲載されているが、情報がふるいにかけられていない限り、使用人も女性雇用主もほとんど利用しない。私がマーガレットとフィリップの家で職を得たのは、物品販売と使用人募集に特化したサイトの広告を見たからだが、登録には調査で会った富豪の女性二人の紹介が必要だった。紹介が、この閉鎖的なネットコミュニティに対し私が信頼に足る人物であることを保証するのだ。だがネット上のこうしたフィルタリングシステムも、コミュニティが拡大するにつれ限界が出てくる。このサイトにも数人のメンバーから何度か、「どこの者とも知れない人」が登録しているとクレームが寄せられたことがある。口コミはもっとも有効な手段だ。広告を見ても、雇用主にどのような傾向があるかわからないが、使用人同士ならすべてが筒抜けだ。使用人たちは地域、建物、時には町規模で雇用主の評判を構築し、維持し、伝達する。いい雇用主を見つけるには、情報を取りに行くのが一番だ。金払いの悪い人、バカンスをプレゼントしてくれない人、怒りっぽい人、気まぐれな人は、避けるべき人物として用心深くマークされる。使用人たちは情報を交換して、自分に一番合った仕事を見つけるべく助け合う。「私たちが食料品店で会うと、おしゃべりに花が咲くの。いろいろな話が出て、陰謀そのものよ！」とソラヤは面白がって言う。

確かに使用人の口コミは職探しに有効ではあるが、「陰謀」めいたところは一つもない。使用人は、雇用主に敵対する均一で団結した社会グループを形成しているわけではないのだ。ほとんどの場合、彼らがいい仕事に就けるのは女主人のおかげでもある。私はアモールが働く地区でトリシャにも何度か会ったが、彼女は女主人のおかげで募集の口が「入ってくる」と言う。トリシャは女主人と非常に親密で、女主人の爪の手入れをしながら何時間もおしゃべりする。「彼女は老齢で、ずいぶん前に夫を亡くして、子どももいないの。だから私に世話をされると喜ぶのよ」。女主人はトリシャに、近隣の噂話を片っ端から話して聞かせる。もっとも身近なところでは、富豪の友人たちの噂だ。「私は世間に話が広がる何か月も前から、誰が離婚するか、誰が何に投資するか、何でも知っているわ」。トリシャは、打ち明け話の相手として信頼されることを誇りにしている。秘密はほとんど口外しないが、コート・ダジュールでやはり使用人として働く姉妹や、アモールのように信頼できる友人に話すことはある。「私がいくつかの秘密を人に話していることを、マダムは知っているわ。けれども、私が口の堅い人を選んでいることもわかっているの。それに本当の秘密なら、誰にも話さないこともね」。女主人は誰かが使用人を探していると聞けば、トリシャに知らせる。トリシャはすぐに、候補になりそうな人に働き口の説明をする。「マダムが私の友達を手助けしようと思うときには、『ねえトリシャ、D家ではリネン類の管理係を探しているのよ。あの家ならお給料はいいわ』という感じで、いろいろな耳寄り情報を教えてくれるの。私はそれを知り合いに伝えるというわけ」。女主人の友人が具体的に何を希望しているのか、どういった候補者が嫌がられるのかを思い切って聞くこともある。「最低でも身長が一八〇センチの運転手を探しているなら、先に知っておいた方が選別できるでしょう」。ある時、女主人の大親友が、ガレージの扉が上の方でつかえることがあるので、身長の高い運転手を探していた。そこでトリシャは、近くで働く使用人と結婚していて、フランスに来たばかりのフィリピン人男性に連絡を取った。「私が知っていた背の高い唯一のフィリピン人男性が彼だったというわけ」と彼女は笑い、「それにこの辺りでは、ドライバーは黒人かアラブ人と決まっているの」と言った。(5)

掘り出し物を求めて

使用人の契約は結婚契約と少し似ていて、長期的関係という理想を内包している(6)〔フランスでは婚姻時に公証人の立ち会いのもと、結婚条件を契約化して文書にする制度がある〕。口コミなどのマイナーな手段であれ、新聞やインターネット広告であれ、女主人も使用人もいい相手、つまり永続的な関係を築けるような人を探している。両者の出会いは誘惑ゲームに似ていて、お互いに自分の長所をアピールし、選ばれようとする。だがこれは騙し合いではないし、誘惑をしかけるのが使用人であることは周知の事実だ。確かに、料理人ソラルのように引っ張りだこの使用人もいるが、富豪曰く、それはごく一握りだ。そこで、富豪は「掘り出し物」を探しに市場に出かける。使用人側も富豪の期待に応えようと必死だ。

どの富豪も「掘り出し物」を探している。「掘り出し物」はいろいろな長所を備えていなければならない。まず自分の分野において有能であること。料理人は料理が上手で(雇い主の嗜好に合う料理が作れて)、リネン類の管理係は生地類を完璧に白く洗い、様々な生地の手入れ法を心得ていて、ナニーは子どものためのいろいろなアクティビティのレパートリーを持っていて、応急処置をマスターしており、マルチタスクの使用人は短時間でいくつもの仕事をこなす。主人のすべて——スケジュール、習慣、好き嫌い——を知っていることも、条件の一つだ。理想的な使用人とは、主人のどんな突飛な望みも瞬時に叶え、彼らが希望を口にする前から先回りする。また、所作も優れていなければならず、微笑みを絶やさず、慎ましく、静かで、つねにそばに控えている。沈黙を守り、適切なタイミングで発言し、自分に関係のないことには口を出さないが、無関心を装いつつ、主人について知り尽くしている。礼儀正しく、共感能力があり、人間的かつ道徳的に優れており、そして何よりも、主人に忠実だ。配下の使用人から全幅の信頼を置かれ、主人のためにはどんな犠牲も辞さない覚悟がある。見た目がよければ理想的だが、あまり目立つのは困る。あらゆるサービス業や外見重視の職業に共通することだが、使用人、特に女性は絶えず微笑みを浮かべていなければならない。(7)

これはずいぶんと高度な要求だ。採用を任された女主人たちは、採用面接や実地試験を通して候補者の適性を確かめる。自分たちの日常生活、ルーティン、プライベートは誰にでも委ねられるわけではない。女主人が求めるのは、信頼できて有能で、秘密を守り、従順で、長続きする人だ。そこで使用人側は、面接での服装や振る舞いを女主人の希望に合わせ、仕事に対する熱意をアピールする。(8)

面接当日のアナイスもそうだった。私はパリ一六区の邸宅で面接を受ける彼女に同行し、その邸宅と同じ通りの公園で一時間、彼女を待った。その一〇日ほど前、彼女はこの地区で働く友人のおかげで、面接にまでこぎつけたところだった。雇用主は新しい女中頭を必死に探しており、フランス南西部ジロンド県に住むアナイスはこの面接に大いに期待をかけ、上京するとすぐに私に連絡してきた。私たちが知り合ったのは一年前、富豪の使用人を養成する集中講座でのことだ。私自身も受けたこの講座は、二週間にわたりある城で開かれた。講師の一人は「フランス的サービス術」を愛する貴族の女性で、会場となった城も彼女の一族が所有している。講座は使用人の実生活を体験することを目的としており、受講生も講師も、期間中ずっと寝食を共にした。夕方から夜にかけて、私は何時間にもわたって受講生たちにインタビューし、話し合い、ほとんどの人と親しくなった。アナイスもその一人で、定期的に近況を報せてきていた。

面接当日の朝、私は駅に彼女を迎えに行った。アナイスは白いシルクの「一番美しいブラウス」、耳には控えめなパール、薄化粧、フラットシューズ、黒のベルベットのズボンという出で立ちだった。列車から降りた彼女は、「どう？　シックでしょう？」と聞いてきた。確かにシックだが、シック過ぎない。それも当然だろう。彼女は希望就職先の層が好む美的ルールや趣味を心得ていたし、長い間高級プレタポルテで働き、二年間富豪の女中頭を務め、講習で磨きをかけたのだから。この日も、あくまでエレガントでいながら控えめで礼儀正しく、「おとなしくて従順な女の子」の役割を演じた。

面接後、私たちは別の地区の公園のベンチに腰を下ろして話し始めた。

「それで？　首尾よくいった？」

「ええ、私のことはよく知っているでしょう。ヘマはしたくなかったの。だから何よりも熱意をアピールしたわ。どんなことでもする覚悟はできていたもの」

「と言うと？」

「マダムが、どんな理由だったかしら、とにかく自分の妹が来たときに、部屋を空けてゲストルームで寝てくれるかと聞いてきたの。私は『もちろん、大丈夫です』と答えたわ。時々は日曜日も残ってほしいとも言われたわ。日曜日に家族が集まってご飯を食べたり、誕生日パーティーを開いたりするから、仕切る人が必要なのだそうよ。彼女がそれ以上説明する前に、自分から『当てにしてくださって結構です』と答えたわ。それからサロンに案内されて、『大きなサロンでしょう。お客様がいらしたり、孫が遊びに来たりして、洗濯物の始末や部屋の片付けが重なると、メラニー（この家の掃除とリネン類の管理を担当している女性）が手一杯になってしまうことがあるの。その時は、家事を手伝っていただきたいの』と言われたわ。私は女中頭であって、掃除は私の仕事ではないと言いたかったけれど、当然、『もちろんです。前の職場では一人で九〇〇平方メートルを掃除していましたから慣れています』と請け合ったわ。そのことはあなたも知っているでしょう。ただし、二人分の仕事をしていたせいでドクターストップがかかったことや、その後仕事を辞めたことは言わなかったわ。とにかくやる気をアピールしたというわけ」

「向こうはあなたを気に入ったと思う？」

「ええ。気に入られた感じはしたわ。あとは様子を見るだけね。やれるだけのことはやったし。この仕事のどこが好きかと聞かれたときも、いい受け答えをしたと思う。人に喜んでもらうこと、サービスすることが好きで、小さい頃から、両親が疲れているときには料理をしたり、いろいろとサプライズを用意したりしたと答えたの。彼女は『それはいいことだわ。仕事が生きがいということですものね』と言ったから、きっと私の言葉を信じたのだと思う」

アナイスは、目の前の女主人が望むように調子を合わせた。仕事は生きがい、つまりどんな金銭的報酬とも無関係な活動に見えねばならない。最初の面接で金銭について話すことは、暗に禁じられている。アナイスは、この地域の女中頭の給料が手取りで三五〇〇ユーロ前後だと知っているが、今のところは何も尋ねてはならない。女主人がまた会いたいと望むなら、給料の話はもう少ししてから話すことになる（あるいは話さない）。目下、自分は生まれながらの使用人で、子どもに添い寝する、日曜も出勤する、バカンスをあきらめて一家の旅行に同行するなどの犠牲もいとわないとアピールする。彼女はどうすれば天職、自己犠牲、仕事愛といった側面を強調して、巧みに女主人を魅了できるかを知っている。どんなこともする覚悟で、「面接で頼まれた通り、クリスマスにはあそこの飼い犬にフォワグラをやったっていい」と笑いながら言う。三日後、再度連絡が来て採用が決まった。

使用人職は、富豪に自己アピールする際、仕事愛と天職の概念が非常に重視される職業の一つである。使用人は採用面接では自分の経歴や生活についてはあまり多くを語らず、彼らの個人的バックグラウンドを知る女主人はごく少ない。むしろいくつかの出来事を例に、自分は小さい頃から人に何かしてあげていた、「生まれつき」の性格なのでそうした仕事に「向いている」と語ることの方が多い。アナイスは、幼い頃から当たり前のように両親を手伝っていたことを強調した。外国人や移民家庭出身の使用人の多くは、代々母から娘へ、父から息子へと仕事を受け継ぎ、大家族に囲まれて幼い頃から人の面倒を見ることに慣れている。富豪に対しては、仕えることは自分の天性だと示さねばならない。この点、バレエ団に入るためにオーディションを受けるダンサーと少し似ていて、ダンサーは振付師に、天職であるダンスのためなら肉体を酷使する覚悟があると示す(9)。ダンサーという職業において、ダンスは情熱に、ほかとは違う職業に仕立て上げられる。使用人職のイリュジオもこれと同じ原理の上に立っていて、富豪は、情熱つまり仕事愛があって、お金目当てではなく喜びと忠誠心をもって仕える使用人を望む。

アナイスが使用人として勤めるのはこれが初めてではない。彼女は富豪を前にしたときの誘惑のルールを習得しているし、女中頭という職業に熱意を燃やしていると自らに言い聞かせ、かつ周囲にも信じさせなければならないことを知っており、ルールの機微を心得ている。彼女の説明によれば、女中頭の仕事に就くためならどんなことでもする覚悟があると示しはしても、雇ってほしいなどと決して懇願してはならない。高級プレタポルテの顧客を相手にしたときもそうだった。あるワンピースがいかに素敵かを売り込みつつ、いずれにせよ誰かが買うのは確実だとそれとなく匂わせる。「手に入れたいと思わせるの。隣に住む人にとられるかもしれない、そうしたら手遅れだ、と信じさせるのよ」と彼女は言う。面接の最後には、自分にはほかにいくつもオファーが来ていて、早晩決まるだろうとも言い添えておいた。これも「掘り出し物」の一面だ。

身体を読み解く

アナイスは私に対しても、決して自分から履歴書の話を持ち出さなかった。電話で話したときに、履歴書を送ってほしいと頼むと、メールで「あまりよく書けてはいないけれど、それほど使うことはないから」とのメッセージをつけて送ってきた。確かに体裁も整っていないし、内容もアップデートされていない。彼女の言う通り、ほとんど使わないのだろう。多くの賃金労働において、履歴書は応募者の職能や価値を客観化するための必要不可欠なツールだが[10]、使用人の世界ではマイナーだ。ただし専門分野を持ち、高い地位を希望する使用人はかならず履歴書を準備しており、職歴、場合によっては学歴や資格が記載されている。だがそれ以外の人はそもそも履歴書を作っていない。雇用主から要求されることはほとんどないし、資格も重視されないからだ。重要なのは経験だ。ただしこれは書類で証明できるようなものではないので、富豪は応募者の過去の雇用主に電話して評価を聞き、実地テストで相手の能力を確認する。女主人と使用人の初対面は重要な瞬間だ。前者が後者を評価するが、すべては身体を通して進んでいく。接客業やモデル業ではきわめて規格化された美の基準に沿って女性が採用されるが、身体をさらさない使用人職でも身体が焦点となるのは逆説的に思える。だが採用が露骨に身体的基準に左右されない職業でも、身体は重要な要素である。社会学者ウマヤ・イドリは企業における学生の職業的同化を扱った研究の中で、学生たちがいかに苦心して「雇用可能な」外見を作り上げるかを指摘した。若い男女はスポーツや食事制限を通して熱心に身体を管理し、自分たちが管理職に抱くイメージに合わせようとする。使用人も同様で、身体は本質的かつ明示的な誘惑の要素なのである。

使用人を探す富豪は妥協を許さない。女性雇用主は自分には身体的要求を明言する権利があると考え、応募者の身体を観察するだけでその道徳的資質を見抜ける、顔、所作、身振り、服装から不誠実さを推し量れると主張する。六〇歳のセヴリーヌはフランス系スイス人で、超裕福な外交官と結婚し、ずっと専業主婦だった。信頼を阻むものは何かとの私の問いに、彼女はこう答えた。

「一つ例を挙げましょう。二年前、今のマリカを雇う前のことですが、あるフィリピン人女性に来てもらったことがあります。ドバイに住む私の従姉妹から推薦されたのです。彼女をこちらに来させるのは簡単ではありませんでしたが、あちらに有力者とのコネがあるので、手を貸してもらったのです」

「なぜ呼び寄せたのですか。彼女を採用したのですか」

「いいえ、まさか！　面接のために短期間で往復してもらう必要があったのです。私たちの家に一泊して、翌日戻っていきました。その間、何度か話しましたが、とても素直で、敬虔な女性でした。顔からして正直者で、こちらが話しかけると、謙虚に目を伏せるのです。私は好感を持ちました。ただしそれは最初のうちだけでした。というのも、すぐに彼女が信頼に足る人物かどうか怪しくなったからです」

「本当ですか？　どうしてそう思うようになったのでしょう」

「彼女は長電話をしていました。まるでいろいろと報告しているみたいにね。それに何よりも誘惑者だったのです」

「誘惑？」

「わかるでしょう。あなたも私も、女性にとって夫は大切ですわ（ここで彼女は声を落とした）。女性ならすぐに、女中が誘惑者かどうか見抜けます。顔つき、振る舞い、そして……身のくねらせ具合でわかります。翌朝、朝食の直後にサロンに入ってきた彼女は、真っ赤な口紅をつけていたのです。それに胸を強調するブラウスを着ていました。私はそういうことが本当に我慢できないのです。そこで一切の期待は崩れ落ちました。『本当は悪い娘なのだ。彼女を雇ったらもめ事を起こすだろう』と思いました。使用人から敬われるのはそう簡単ではありませんが、前もって不誠実でよこしまな性格を見抜ければ、それに越したことはありません。彼女は採用しませんでした」

セヴリーヌの従姉妹はドバイに派遣された駐在フランス人で、「西洋」のパスポートのおかげで様々な特権を手にしている。格安で使用人を雇えるのもそうした特権の一つだ[14]。信頼できる相手が選んだ人物ではあったが、セヴリーヌは自分の目で応募者を見たいと思い、外交関係のコネを使って二日間だけフランスに来させた。その間、彼女はこの女性の身体に注目した。そもそも女性を雇うからこそ、身体やそこに映し出される（とされる）倫理的資質への注意も倍増するのだ。女性雇用主は、男性を面接するときには顔だけで信頼度が計れると言うが、相手が女性の場合は身体全体が彼女に語りかける。彼女は応募者の身体属性（たとえば体形）やヘクシス（態度、振る舞い、装いなどを指すギリシア語）、つまり体の動かし方や服装を観察する。セヴリーヌは、このフィリピン人女性の笑み、化粧、服装、体形に繰り返し言及し、それらが不正直、不誠実の印と考えたことを明かした。セヴリーヌは誘惑する女性と張り合うのが怖いと言う。この恐れは女性雇用主によく見られる現象で、彼女たちは夫が使用人に魅了されるのではないかと危惧している。

誘惑関係や「主人」と「女中」の不倫は、繰り返し文学や映画のテーマとなり、過去そして現代のブルジョワの想像を象徴してきた[15]。映画『マダム』[*b]では、二一世紀のパリに暮らすアメリカ人富豪の妻が、夕食の人数が一三人であることに気がつき、縁起を担いで、ある使用人にブルジョワの格好をさせた。使用人は課された役割を演じたが、女主人の嫉妬を買った。つまり、女主人は使用人の過度に洗練された外見を認めないのだ。多くの女主人がインタビューで、「挑発的」「煽情的」「綺麗すぎる」応募者に会ったことがあると語った。応募者の美醜に関する判断はアンビヴァレントだ。使用人は見た目がよくこざっぱりとしていなければならないが、あまり性的側面を強調する外見は好まれない。

応募者の外見を誘惑的と判断する女主人は、庶民への階級的軽蔑をあらわにする[16]。口紅、ハイヒール、体の線を強調する服。ブルジョワ趣味に慣れていない使用人は、自分はできるだけのことをしていると信じており、不採用通知を受け取ったり、女主人に指摘されたり、経験豊富な使用人からアドバイスを受けたりして初めて、エレガンスの定義は社会的に左右されるものであることを知る[17]。富豪からよく思われるためには、身だしなみがよくなくてはならないが、あまり技巧を凝らしてもならない。富豪を魅了できる使用人は、趣味の社会的空間を完璧に支配している[18]。彼らは、旧家では地味な服装こそがエレガントな使用人の条件であること、しかし富豪の趣味は一様でないことを知っている。アナイスはニューリッチの家で働いていたときに、テーマが決められたパーティーでの勤務時に突飛な衣装を着てほしいと頼まれたことが何度かある。貴族の家でも働いた経験があるが、そんな要求をされたことは一度もなかった。特別な機会にブラウスや上着の色が変わるくらいで、それも定番のダークトーンかパステルカラーだった。「そうした家では、蛍光色やスパンコールなどほとんど見なかったわ！」

人種問題

使用人の身体は道徳的資質や能力の目安として、富豪による評価の対象となる。服装、目線、体の動き。いずれも重要だが、何よりも決め手となるのが人種だ。社会学で人種を扱う際には、いかなる

＊b　アマンダ・ステール監督作品（二〇一七年）。

生物学的根拠も前提とされない。[19]むしろその逆で、社会学者は調査を通して、振る舞い方や長所・短所が、特定の国籍、肌の色、移民の出自、アクセントと関係づけられて語られることに気がつく。そこから人種差別的ステレオタイプが生まれ、行動に現実的かつ直接的影響を及ぼす。たとえば社会学者ニコラ・ジュナンはフランスにおける建設業労働者に関する調査で、彼らを採用する人材派遣会社が労働者の長所と短所を一律に本質化〔ある集団やカテゴリーは固定的な本質を有していると見なし、個々の人物にこれを当てはめること〕していることを指摘した。たとえば黒人労働者は頑健と考えられており、肉体的にもっともハードな仕事が割り当てられる。[20]使用人の世界では、人種による性質の割り当ては、雇用を左右する重要な要素である。中国人のメイドはいやだからフィリピン人か黒人かアラブ人がいい、イスラム教徒は絶対に雇いたくないといった発言はごく普通で、移民出身の使用人に対する人種差別的ステレオタイプはタブーどころか、堂々とまかり通っている。私はインタビューで繰り返しそうした発言を耳にしたため、富豪がアラブ人を「いい料理人」、コートジボワール人を「いいベビーシッター」と言っているのを聞いても驚かなくなった。こうしたステレオタイプは自明の理となり、これに従って使用人が識別されるようになる。コートジボワール人女性アワの採用面接について話すギユメットの言葉からも、この点は明らかだ。ギユメットは五〇代のフランス系イギリス人の画家兼彫刻家で、元夫は超裕福な銀行家だ。

「よく覚えているわ。最後に面接したのがアワだったの。確か一時間半話したわ。大柄な黒人女性で、気に入ったの」

「そうなのですか」

「ええ。適材だとすぐにわかったわ。彼女たちがとても丈夫で疲れ知らずだということは、ご存じでしょう。さっきも言ったように、私はずっとアルジェリア人女性を雇っていたけれど、正直に言って、黒人女性はいいわ。もちろん、しっかり選ばなくちゃだめよ。やる気のない人も多いから」

「アワはそうではなかった?」

「そう。すぐにわかったわ。サロンに入ったときから、手をぶらぶらさせずにまっすぐに立っていたし、目線もしっかりしていた。意志が堅そうに見えて好感が持てたし、幸先がいいと思ったの」

「彼女にはどんな質問をしましたか」

「彼女は愛想はよかったけれど、面接の間ずっと眉間にシワを寄せていたの。それほど愚かではなく、こちらの言うことを理解しているのがわかったわ。それから二人で食器室に行って、試しに大きくて重い箱を移動してくれるように頼んだの。彼女は何も言わずに、こんなふうに腕を動かして（腕で身振りを真似る）箱を持ったわ！　息切れ一つしないの。驚いたわね。私は安心して、この人なら役に立つと思ったわ。ただ訛りが強いのよ。出身が……あちらの国から直接来たわけだし。少し変だけれど、別に宿題を手伝ってもらうわけではないから、大したことではないと考えることにしたわ」

社会学者カロリーヌ・イボスはパリの保育事情に関する本の中で、コートジボワール人のベビーシッターには「温かみ」や母性などの本質化された長所があると考えられていることを明らかにした。[21]ギユメットは黒人女性の長所や短所と思い込まれている性質を物差しにアワの能力を判断した。彼女のアクセント、肌の色、コートジボワール国籍、体力（の見込み）、そして宿題は手伝えないという前提の間に明白な因果関係を打ち立てた。結局、ギユメットは「あの体つきでは、同じ建物に住む人に怖がられる」と考え、アワを採用しなかった。

女性使用人は自分たちが男性使用人同様、往々にして人種差別的ステレオタイプにはめ込まれ、それに沿って採用されることを知っている。そこで彼女たちは、グアドループ出身のクリステルが屈託なく言うように、「黒人女性を演じる」。クリステルは自分はフランス国籍で肌の色もとても白いのに、何かにつけ出身地のアンティル諸島が引き合いに出されることに憤慨していた。だが職にありつくためには、富豪たちがグアドループ人に寄せる期待に沿わねばならないことはわかっている。「ハーフの娘なら、丈夫な髪を編み込みにして、マドラスかワックス〔それぞれインドとアフリカの生地〕、まあどちらでも同じことだけれど、そうした生地で作ったアクセサリーをつけていて、辛い料理を作ることがお決まり」なのだ。クリステルは四歳のときにフランス本土に移住したが、富豪に仕える前は、グアドループやアフリカの料理を作ったことは一度もない。作り始めたのは、採用に有利だと気がついてからだ。「グアドループから来たことを忘れるのではなく、うまくアピールしなければならないと理解するまでには時間がかかったわ」と彼女は言う。多くの使用人が語るように、人種差別的ステレオタイプは取り込まねばならないが、ほどよい加減が大切だ。

異国趣味

クリステルは「アンティルらしい面」をアピールするようにしているが、やりすぎは禁物だとも知っている。富豪は使用人に異国趣味《エキゾティズム》を求める。彼らは使用人が特定の「文化」を体現していると想像し、生き方、考え方、振る舞い方と結びつける。しかしエキゾティズムが家庭を圧倒すべきではない。クリステルも派手な色のイヤリングをつけていて、女主人から「アンティル的過ぎる」と注意された経験がある。移民出身の使用人の匂いも、激しい批判の対象になる。多くの女性雇用主が、インド、スリランカ、モロッコ、コートジボワールの使用人は「スパイスの匂いがする」と言い、制汗剤や香水を与えたり、「いやな匂いを消すために」定期的に窓を開けるように指示したりする。匂いはエキゾティズムの一般的な限界、すなわち衛生の目印を示す顕著な一例だ。

富豪が使用人を選ぶ際、社会学者ウィルフレッド・リニエとジュリー・パジスの言葉を借りれば、「その人の文化的嫌悪」が表面化するが、これは使用人に対する人種差別的偏見の表れでもある。(22) 中央・北ヨーロッパ、ロシア、アメリカ合衆国、オーストラリアの富豪はアフリカ、アジア、ラテンアメリカ出身の使用人を批判する際に、主に不快な匂い、不潔な体、怪しい衛生観念を引き合いに出す。使用人が不潔だとされるのは、肌の色だけでなく、基本的な衛生ルールが確立されていない「発展途上」(と雇用主が断じる)国の出身であることも影響している。女性雇用主は、使用人の衛生に関してどちらかと言えばネガティブな先入観を持っており、採用面接では、手や爪が汚くないか、髪が脂ぎっていないか、服にシミがついていないかをチェックする。黒人の場合は、病原菌保持も疑われる。ある女主人はアフリカ人を雇うと「アフリカについていろいろと学べるからいい」と言いつつも、「いつも黒人女性には用心しているわ。あちらではエイズとかマラリヤとか結核とかいろいろな病気があるでしょう。そんなのはごめんだもの」と語る。使用人を雇うということは、家に他者性を入れることを意味する。他者性は好奇心を刺激するが、厳しく管理されてもいる。

私はこの研究に着手する数年前、富豪の家でパートタイムのナニー兼料理助手として働いたときに、使用人という他者性を前にした雇用主のアンビヴァレントな振る舞いを垣間見た。当時学生だった私はアルバイトを探しており、かかりつけの医師がある患者を紹介してくれた。それが本書冒頭に登場するジュヌヴィエーヴの娘カトリーヌだ。彼女は家事や子どもの世話を手伝ってくれる「若い女の子」を探していた。

一年間、私は週に数度夕方に、二人の子どもがいるカトリーヌとクリスチャン夫婦の家でアルバイトをし、中国にある彼らの別荘でも住み込みでひと夏働いた。一家は仕事の関係で、フランスと中国を行き来しており、社会学に夢中だった私は、この家で観察したこと、耳にしたことのすべてをノートにぎっしりと書き留めた。ノートは一〇冊ほどになった。三年後、私はこのノートを再び開き、より経験を積んだ新米社会学者の目で読み返してみることにした。カトリーヌは年に一度、近況を聞いてくる。私はその機会を利用して、彼女の家での経験を発表する許可を願い出、自分と近親者全員の名前を変えるなら、との条件付きで承諾をとった。私が彼女の家で働いていた当時、ラシッド、ソフィア、ミカエラという名のマルチタスクの使用人と、フルタイムのナニーのシ・ユ、そして運転手のファブリスが勤務していた。ラシッドはよくアルジェリア文化を風刺する冗談を口にし、雇用主を大いに楽しませた。彼は子どもたちの前で体を左右に揺すぶり、大げさな鼻声で歌って、オリエンタルな踊り子の真似をして見せた。ジェラバ〔モロッコの民族衣装〕を着ることもあり、ジーンズを初めて履いたのは二一歳の時だったと繰り返し語った。「肉団子みたいにおいしい」〔モロッコではケフタと呼ばれる肉団子がよく食される〕とか「マクルード(セモリナ粉、砂糖、デーツで作ったお菓子)みたいにいい」などの言い回しを考え出したのも彼だ。私たちはとても気が合った。彼を見ていると、中学校時代の友達を思い出す。その友達は、凡庸な人種差別的見方が入り混じった言葉を投げつける白人教師たちを前に、わざと自分の「文化」をネタにしていた。ラシッドは二人きりで話すときにはよく、自分は「アルジェリア人のいい面だけを持つ、アルジェリア人使用人」で、カトリーヌに雇われたのもそのおかげだと口にしていた。面接でカトリーヌは、自分はアルジェリア人が好きで彼のプロフィールも気に入ったと言い、いろいろと質問をしたそうだ。おいしいクスクスを作れるか、「オリエンタルな歌」を歌えるか、打楽器に合わせて踊れるか、「向こう」の綺麗な生地を買ってきてくれるか、どうやってフランス語を学んだか、アルジェリアに里帰りしたときにはどういう服を着るのか、伝統的な窯でセモリナ粉のパンを焼くか等々。ラシッドはアルジェリア人であることを利用して、嘘をつかねばならなかった。カトリーヌが期待するアルジェリア人になろうと必死に努力したし、今でもしている、と彼は言う。ある時料理をしながら大声でライ〔アルジェリアのモダン音楽〕を歌う彼に、私は本当にライが好きなのかと聞いたことがある。彼は「温かくて、面白くて、太陽のように家を明るくして、フランスにすっかり同化していながら、なかなか感じのいいエキゾティックな面もあるアルジェリア人。それが僕さ」と答えたが、まじめな調子で「それ以外に選択肢があると思うかい？」と言い、私の肩越しをちらりと見てカトリーヌが近くにいないことを確認してから、こうささやいた。

「ライにはうんざりだ」

ラシッドは富豪のもとで働くため、彼自身の言葉によれば「キンダー」にならねばならなかった。キンダー〔中に白いミルククリームが入っているイタリアのチョコレート菓子〕は「外側は茶色で中は白い」。つまり彼は、訛りのない完璧なフランス語を話し、採用面接で長々と自分がいかにフランスを愛しているかを述べ、雇用主の家で豚肉を食べてまで自分はイスラム教徒ではないことを証明してみせた。彼は、これはキャリアに必要な条件なのだと言う。使用人は愚かではない。彼らの長所の人種的本質化は、一瞬にして不利に働くこともあるのだ〔ゆえにその利用には深慮が必要である〕。

決定権を握るのは富豪

使用人の身体のエキゾティック化は、人間科学および社会科学が正確に叙述したポストコロニアルの想像の領域に属している。(23) 富豪は使用人を採用する際、社会関係を構造化する階級的・人種的支配の表現そのものであるヒエラルキーや人種的ステレオタイプを基準とするが、これは仕える側に事実上の劣等感を与える。黒人女性が「母性的」でアジア人女性は「従順」、アラブ人男性は「我慢強い」と述べることは、彼らの雇用を正当化すると同時に、彼らが能力を持たないであろう職業分野からの排除を意味する。こうしたステレオタイプは、自分たちは使用人を雇うことで、移民だから、学歴がないから、知能があまり高くないから等々の理由でほかの仕事を見つけられない人の救済に一役買っているのだという富豪の思考を強化する。使用人の長所をエキゾティック化することは、一つ屋根の下での分業をも正当化する。たとえばヨーロッパやアメリカ合衆国出身の白人の使用人には管理職、その他には下級職、といった具合である。後者は経験を積みながら昇進しても、その役職と給与に平均以上にふさわしくなければならず、感謝の念も忘れてはならない。ある雇用主が言うように、「母国では、賃金などたかが知れている」からだ。

面接後、実地試験がうまく行って採用通知が来ても、辞退する場合もある。アナイスやアモールもその一人で、彼女たちは使用人として何年も経験を積み、富豪やその使用人たちとの確固たるネットワークを有し、一度にいくつものオファーが来る。アモールが言うように、自分を売り込めるのだ。使用人の間でも富豪に関する数々のステレオタイプがまかり通っている。たとえばニューリッチは金払いがよく、素敵なプレゼントを贈ってくれる。貴族はケチで、ロシア人は怒りっぽく、アメリカ人は感じがよく《クール》、フランス人はストレスに悩まされている。使用人においても、雇用主に対する階級や人種による本質化が観察される。ある時、トリシャはアモールに、コート・ダジュールの中国人の富豪宅で働かないかと持ちかけたが、アモールは中国人のもとでは絶対に働かないと宣言して、面接を断った。「私たちフィリピン人は中国人を警戒しているの」と彼女は言う。一方アナイスは、働き始めてわずか数日で辞職したことがある。「中東の人のところで働くのが怖くなった」からだ。アラブ首長国連邦の大富豪たちは奴隷制支持者として知られており、フランス在住の彼らから求人情報が出ても、尻込みする使用人は少なくない。

　雇用主と使用人の関係は、前者の後者に対する象徴的支配の上に成り立っている。富豪の抱く・ステレオタイプや予想に合わせることで、使用人はその再生産に寄与している。それ以外の選択肢などあるだろうか。クリステルは「いずれにせよ、決定権を握るのはつねに富豪。その点は最初から押さえておいた方がいいわね」と、タラのコロッケを作りながら苦笑まじりに言う。このコロッケにはトウガラシは入っていないので、アンティル風とは言えない。

誰もが雇用主を選べる贅沢を許されているわけではない。それどころか、そうした贅沢を享受できるのはほんの一握りの使用人だ。何しろ、富豪の家での働き口は限られているのだから。逆に使用人の数は無限だ。「いい相手」探しは構造的に非対称で、マリウスのように使用人として安泰な地位を確立した執事や、雇用主と長期的関係を築き上げて相当な金を手にした者も例外ではない。特に新参者はへりくだっていなければならない。マリウスが使用人の世界でキャリアを築くことができた要因を当人と話していたとき、彼は「従順に、とにかく従順に」と繰り返した。マリウスは「従順で働き者で、仕事を与えてくれたすべての人に感謝する哀れな移民」の代表だ。現在でも自分の出自を忘れないように心がけ、雇用主には忠誠を尽くさねばならないと繰り返し述べ、金色の鳥カゴにも似た富豪の世界という楽園の扉を開いてくれたすべての人に恩を感じている。

第四章　身体から仕事へ

午前五時。前日、マリアナと一日過ごした私は眠れないでいた。彼女は私に、超多忙な一日がどんなものか実際に見てみないかと声をかけてきた。息つく暇もなく次から次へと仕事が重なり、疲れを示すほんのわずかな仕草も許されない一日。明日、正確には数時間後、マリアナはロシアからやってくる女主人の伯父と伯母を迎えねばならない。彼らには一度しか会ったことがないが、よそよそしくて傲慢で、気難しくて、少しでも隙があれば、掃除が行き届いていないとかインテリアがなっていないとか批判し、こちらを見下すような態度だった記憶がある。マリアナは一切のリネン類を洗濯して、模様替えをし、一週間滞在する彼らのために食事を作って冷凍しておくつもりだ。それからパリ中を回って、有名な高級ブランドのガチョウの羽毛布団も買っておかねば。私は初めて彼女の役に立っていると感じ、羽毛布団探しを買って出て、二〇〇〇ユーロ以上もする品があることを知って驚いた。

キッチン掃除、料理、瓶の整理も手伝った。あまりの興奮状態に、夜が更けても体はまだ落ち着かず、何よりも思考と感情があふれて止まらなかった。

つい二時間ほど前に別れたマリアナのことが頭に浮かぶ。彼女は今何をしているだろう。寝ているだろうか。それとも夕方の打ち明け話のことを考えているだろうか。彼女の部屋で話し合っていたときには、女主人の上着を繕っていたが、まだやっているのだろうか。ずいぶん前からマリアナは睡眠障害に悩まされていた。彼女は「心配だわ《プレオキュパーダ》、心配事ばかり《タン・プレオキュパーダ》」と繰り返しながら、心を落ち着けるのに夜も何かせずにはいられないと言う。だから私にもそばにいてほしいのだそうだ。二人の客も、日ごと衰弱していく自分の祖母も心配の種だ。その前日、故郷のコロンビアから電話がかかってきた。悪い知らせだった。もしかすると急遽帰国しなければならないかもしれない。娘のことも心配だ。突然会計の勉強をやめ、数週間前に出会った男性とベネズエラに行きたいと言い出したのだ。多くの心配事に見舞われたマリアナは途方に暮れていた。彼女の状況はよくわかる。その夜、私も家庭の問題と仕事の問題に同時に対処しなくてはならないと打ち明けた。調査対象との関係が深まれば、打ち明け話をした方は相手からも打ち明け話を期待する。「ギブ・アンド・テイク」のロジックは実地調査にも浸透しており[1]、こちらからも打ち明け話をすることは、相互信頼と敬意の印と見なされる。社会学者である私に、彼らのすべてを知りながら、彼らには自分のことを何一つ話さない特権などあるだろうか。研究者にも、それまでの人生や感情をめぐる物語がある。多くの社会学者はそうした話を一切しないよう細心の注意を払っているが、出会った人との「自己の共有」が調査成功のカギになることもある(2)。マリアナの日常は、私のそれとは似ても似つかない。幼少期も、これまでの人生、年齢、社会的・地理的出自も同様だ。だが二人とも女性であり、この性別条件により、私たちは似たような経験、共通する世界観を持っている。これが私たちの共犯関係の構築に有利に働いたことに、疑いの余地はない(3)。マリアナを不安にさせ、絶え間なく他者との関わりを強いる「献身」は、女性としての私にも当てはまる。この夜、私たちは互いに、職業、友人、家族、夫婦関係において、どのように他者と関わっているかを話し合った。こうしたことが私たちの思考や身体に大きな影響を及ぼすのは、マリアナが言うように「私たちが繊細だから」なのではない。それが世間へのジェンダー化された自分の見せ方、私たちが無条件に受け入れた「女性らしく」構築された社会的役割であり(4)、私たちはその役割を家族、友人、同僚に対して演じているのだ。だがマリアナと話しているうちに、他者に対する自分の気遣いなどごくささいなことに思われてきた。

何でもやる女中の運命

国際労働機関（ＩＬＯ）によれば、世界各地の使用人の一〇人に八人は女性である。[5] この数字をマリアナに伝えると、彼女は驚いたように私を見つめてから、思い直したように「それも当然かもしれないわね。女ってそういうものだから」と口にした。私が会った多くの使用人と同じくマリアナも、使用人業界では男性は無能だと批判する。だがその批判は皮肉交じりだ。彼女は、学術的な言葉では説明できないが、女性に備わっていると言われる家事の「適性」は先天的ではないことを知っている。「女が必死に他人のクソを掃除している間に、亭主は何をしているというの」と憤慨する彼女に、私は思い切って聞いてみた。「あなたの夫は、あなたがフランスにいる間何をしていたの」

マリアナは四三歳のコロンビア人で、一七歳の時からフランスに住んでいる。父は生前、コロンビアのコーヒー園で働き、わずかばかりのお金を稼いでいた。母は外での仕事に就いておらず、マリアナと二人の姉妹を育て、家や菜園の手入れをしていた。苦労と不運続きの幼少時代だったとマリアナは回想する。農園で父と一緒に働いて家に少しでもお金を入れるために一二歳で学校をやめ、コロンビアの農村部のティーンエイジャーの例にもれず、一五歳でフルタイムの住み込み使用人として働くため、首都ボゴタに送られた。[6] 雇用主の家族は親切だった。日曜日は外出を許可してもらったし、夕食の給仕が終わった後はわずかな自由時間もくれた。だがマリアナは妊娠した。ゆったりとした服を着て妊娠を隠したが、雇用主の娘が気づいて、母に知らせた。彼女はすぐに家に帰され、数週間後に、野菜栽培を手がける二〇歳年上のニコという村の男と結婚させられた。何としても未婚の母というスキャンダルは避けねばならない。マリアナは母になると考えただけでパニックになったが、夫が子育てに必要な金を出してくれると知って安心した。だが経済的安定は長くは続かなかった。娘が一歳の時、マリアナは子どもと両親のためにお金を稼ごうとフランスへ向かった。病身の父は働けなくなっていたし、ニコの稼ぎはあまりにも少なかった。彼女はパリに住む遠い親戚の女性を頼った。旅費を払って、一六区で家政婦の仕事を探してくれたのもこの女性だ。彼女の仕事ぶりは富豪の女性の間で評判になり、企業を経営する女性から、家事、料理、買い物、子どもや鳥の世話、レセプション準備などを担う使用人としてフルタイムで働かないかと誘われた。これをきっかけに、彼女は富豪の世界に足を踏み入れた。

今、マリアナは「富豪の家の女中」をしている。ニコとは一〇年前に離婚した。あなたがフランスにいる間に彼は何をしていたのという私の質問に、彼女は「私がボスのクソの始末をしている間、あいつはクソをしていたのよ」と答えた。娘と母から、夫が自分を裏切っていることを知らされたのだ。彼には複数の愛人と子どもがいるという。

マリアナは、社会学者アーリー・ホックシールドが「世界の新たな黄金」と呼ぶ女性たちの一人だ。「世界の新たな黄金」とは、いわゆる南の国の出身で、貧しい家庭を離れて、北の国の裕福な家族の世話をする女性たちを指す[7]。富豪の家には、彼女たちのような移民第一波の女性たちがたくさんいる。夫や子どもと共に移動する女性もいるが、たいていは単独でフランスにやって来て、「故郷」に仕送りする。彼女たちは人種化《レイシャライゼーション》〔人種を単一の社会集団としてとらえ、支配や排除の指標とすること〕された女性であり、雇用主が求める献身的な使用人の資質を備えているとされる。マリアナが完璧なまでに体現している本質化である。彼女は五年前から、パリのトロカデロ広場近くに住むトレーダーのイヴと無職のスヴェトラーナの家で働いているが、ずっと病気をしていない。というより、具合が悪くても休んだことがない。彼女は女性としての自分のアイデンティティを、「働き者」で「頑健」で「勤勉」で「強い」農村部庶民階級出身の女性のそれだと主張する。一種の女性的な男らしさである[8]。同時に、自分の勤勉さは生まれつきではないことも知っている。「働き者の遺伝子を持っているわけではなくて、選択肢なんかなかったのよ！」幼少期の悲惨で父権主義的モデルの環境が、自分を「何でもやる女中」になるよう運命付けたのだ、と彼女は言う。

時間との戦い

マリアナはイヴとスヴェトラーナの家で一人で働いている。今まで七度転職し、一人で働いたこともあるから、慣れたものだ。フルタイムのナニーや運転手と働いたときは、それぞれ子どもの世話、雇用主の送迎、と仕事が決まっていた。イヴとスヴェトラーナはナニーのインナも雇っているが、マリアナはあまり彼女のことを知らない。雇用主は一年の半分をルクセンブルク、もう半分をパリで生活していて、二人がパリにいる間はマリアナもインナと顔を合わせるが、言葉を交わすことはない。インナはスヴェトラーナの母国語でもあるロシア語しか話せず、マリアナはロシア語を解さない。彼女は「ロシア人は信用できず」、冷淡で何を考えているかわからないと言う。使用人の間でも互いへの人種的ステレオタイプがまかり通っており、マリアナと何度も会ううちに親しくなった私は、この点を彼女に指摘してみることにした。「スヴェトラーナもロシア人よ」と言う私に、彼女は笑って「ええ、でもお金持ちのロシア人で、お金を払ってくれるわ！」と答え、給料が多少はスヴェトラーナの性格の埋め合わせになっていると説明した。

マリアナは待遇はいいと感じている。毎月手取りで二三〇〇ユーロ稼ぎ、同じ建物の五階にある三五平方メートルのアパルトマンを無料で借りている。ルクセンブルクには別の使用人がいるので同行する必要はなく、彼らがバカンスに出かけている間は、パリのアパルトマンに残って掃除をする。雇用主の移動に同行するのがあまり好きではない彼女にとって、こうした労働条件は都合がいい。彼女は五年前に辞めた前職を振り返り、「ボスにバカンスに連れていってもらっても、それは決してバカンスではないのよ。それどころか、いつもよりくたびれてしまうわ」と語る。以前は学校休暇ごとに雇用主のバカンスに同行し、子どもの世話をしたあげく、「疲労困憊」してパリに戻っていた。マリアナはスヴェトラーナとはうまく行っていて、ずいぶんよくしてくれると喜んでいる。「彼女はとても気前がよくて、ワンピースやバッグをたくさんくれるのよ」。調査当初、雇用主のイヴは、私にマリアナの電話番号を知らせてくれたときに、「マリアナが決して搾取などされていないことはすぐにわかるでしょう。ルイ・ヴィトンのバッグまで持っているのですからね！」と言った。私がインタビューのためにコンタクトをとった雇用主の中で、使用人と話すよう勧めてきたのは彼だけだ。マリアナの電話番号が書かれた彼からのショートメッセージには、「私よりも彼女の方が自分の仕事についてお話しできるでしょうし、自分は断じて不幸ではないと言うと思いますよ」と書き添えられていた。その後、イヴとはまったく連絡を取っていないが、マリアナとごく親しい関係を結ぶうちに、彼女の人生がルイ・ヴィトンのバッグを所有する喜びに要約されるわけではないことがわかってきた。
マリアナはよく働き、スヴェトラーナもちょくちょくそのことを指摘する。「彼女に『マリアナ、あなた働き過ぎよ。休みなさい！』と言われるの。でも本当に休めると思う？」実際、過密なスケジュールで、一息つくこともままならない。彼女の一日はこんなふうだ。

七時四五分：キッチンの後ろの「奥の間」で洗濯機を開けて、夜のうちに洗っておいた洗濯物を取り出し、干すものと乾燥機にかけるものとを分ける。
八時一五分：前日に乾かしておいた洗濯物を、来客用寝室、イヴとスヴェトラーナの寝室と衣装部屋、夫妻の子リュカの寝室、イヴの母の寝室のクローゼットにしまう。
一〇時半：毎週末に訪れるイヴの母の部屋の掃除が完了する。手順はいつも同じで、まず絨毯の埃を払い、三日に一回シーツを取り替える。その後キッチンに行き、前日にしておいた買い物の内容を確認する。リュカとスヴェトラーナの昼食を用意する。
一一時：奥の間に行き、洗濯機をかける。布巾やその他のものを取り出す。各部屋の埃を払い、家具、戸棚、テーブル、装飾品、椅子を磨く。ソファや肘掛椅子に洗剤をつけて、布巾でたたいて汚れを落とすこともある。

一一時四五分：一時間前に準備しておいた料理に火を入れる。リュカを学校へ迎えに行ったスヴェトラーナが戻ってくる。

一二時半：リュカとスヴェトラーナがサロンのテーブルにつく。テーブルセッティングはすでに済んでいる。昼食の給仕はするが、夕食は準備したものをキッチンに置いておく。私もお皿に盛りつけた生野菜サラダをよそうのを手伝う。食事時間は五〇分。リュカは学校に戻る。マリアナは食器を下げて食洗機に入れ、昼寝をするスヴェトラーナのために羽根布団の一角を折り返し、「今読んでいる小説」を置いておく。

一時五〇分：マリアナが私に「何か軽く食べよう」と言う。私たちはパンをトーストしてチーズを乗せ、サラダと一緒に食べる。その後仕事を再開。マリアナは私に奥の間について来させ、掃除機を取り出して、イヴの母の部屋から順にかけていく。片手で掃除機を扱い、もう片方の手には大きな黒いゴミ袋を持ち、各部屋のゴミ箱の中身を回収していく。

四時一〇分：掃除機かけが終了。続けてトイレ掃除をし、私に何か飲むよう言うが、飲んだ方がいいのはむしろマリアナの方で、私はコップ水一杯の水を渡す。奥の部屋に掃除機を片付け、バケツと雑巾を取り出す。それからキッチンに行って、リュカのおやつ用にココア、牛乳、手作りのブリオッシュを出しておく。自分はさっと着替えて学校に迎えに行ってくるから、私にはリュカのおやつの準備をするよう言い渡す。一〇分もしないうちに二人が帰宅する。マリアナは再び仕事着に着替え、アパルトマン中にモップをかける。私はリュカにおやつを食べさせる。スヴェトラーナはサロンで絵を描いている。マリアナと私は夕食の準備にとりかかる。

七時五分：スヴェトラーナがキッチンのドア越しに、しぼりたてのレモンジュースをくれないかと言う。マリアナはジュースを出し、リュカの部屋に行って、シャワーを浴びたか、宿題をしたかを確認する。キッチンでリュカに夕食を食べさせる。バケツとモップを奥の部屋にしまい、大きなクスクス皿をテーブルの中央に置く。その後家全体をチェックして、やること、修繕するもの、注文するもの、買い足すものをリストに書き込む。

八時二〇分：夕食の準備が終わり、リュカを寝かしつけ、全体確認も終了。私たちはアパルトマンを出て、マリアナの部屋に戻る。

一〇時半：アパルトマンに戻って食器を洗い、キッチンを片付ける。テーブルに翌日の朝食の準備をし、自室で少しテレビを見てから一二時半に就寝。

現場でとったメモには、日中のマリアナの肉体労働がさらに詳細に記録されている。彼女はアパルトマン中を絶えず行き来し、動き回り、一時たりとも座らない。食事さえも立ったままとる。洗濯物のカゴ、掃除機、脚立、ゴミ箱、洗剤類の入った箱、鍋、テーブル、椅子、肘掛椅子、カーペットなどかなり重いものも持つ。肉体的苦痛は使用人職にたびたび見られる特徴で、使用人たちは一日中絶え間ない肉体労働を余儀なくされ、時には過度の重労働もあり、多くの身体的トラブルの要因となっている。私が会ったすべての使用人は、腰痛、足の筋肉の凝り、疲労困憊、頭痛に悩まされている。使用人職は、労働災害や骨格筋障害の危険がもっとも高い仕事の一つで、(9)肉体疲労に加え、洗剤類、キッチン、トイレ、ゴミ箱、排水溝、汚れた衣類、期限切れの食材など、嫌悪感を催させる臭いにもつねにさらされている。マリアナはしばしば昼食を抜く。時間がないのではなく、臭いにげっそりするからだ。「いつも吐き気がして、全然お腹が空かないのよ」。食べ残しはプラスチック容器に入れ、毎晩自分の部屋に持ち帰り、テレビを見ながら一人で「のんびりと食べる」。「踏ん張る」ためには食べなくてはならないと実感する唯一の瞬間だ。使用人の住居は、ほんの一時リラックスして力を回復できる唯一の場所だ。映像作家でもある人類学者アルメル・ギグリオ＝ジャックモによる、ブラジルの富豪の「女中」ニースの日常を描いた作品は、(10)彼女が自分の小さな部屋でテレビの前に座って食事をする風景をとらえているが、それはきわめてプライベートな束の間の休息時間である。

使用人にとって、疲労や苦痛を言葉にするのは難しい。マリアナが紹介してくれた七〇歳過ぎの元女中頭マリア＝セレスタが言うように、絶え間なく「時間を追いかける」使用人は、不満を口にすることを禁じられている。マリア＝セレスタはパリの南米教会に所属し、コロンビア系カトリック教徒コミュニティで敬意を集める女性だ。マリアナのために仕事を見つけたのも彼女で、現在は年金生活を送っているが、以前の雇用主の家に住み続けている。「自分たちのために人生を犠牲にしてくれたお礼」に、彼らが全費用を負担してくれるのだと彼女は言う。マリア＝セレスタは疲労というものを知り尽くしている。珍しいことに、彼女は四〇年以上にわたり同じ雇用主のもとで働いた。フランスにおけるパートタイムの使用人職の特徴は、離職率の高さだ(11)。正確な統計はないものの、私の見立てでは、富豪の家でフルタイムで働く使用人も同様で、調査を通して会った使用人の八割は就職して三年未満だった。つまりマリア＝セレスタの職歴はごく例外的ということになる。彼女は四〇年間、パリ八区の家で働き、その間四人の子どもに会いにコロンビアに帰ったのはわずか五度だった。四〇年間ずっと、彼女は決して休むことなく、疲れても、転倒しても、ぎっくり腰になっても、黙って働き続けた。「ある時、床が濡れていて、派手に滑って転んだの。数分間動けずに、気を失いかけたわ。でも起き上がった。私は働き者なのよ」。誰もこの事故を知らなかったが、彼女は何週間も眠ることさえできず、とうとう医師にかかることにした。「昼も夜も休めなかったわ。仕事を片付けないといけないもの」

彼女はたいてい、予定より早く仕事を片付けていたが、だからといって日中に一休みするとか、夜の時間を楽しむことはなく、翌日の準備をするか、服を繕ったり、朝食用の焼き菓子を作ったり、自分の部屋を掃除したりと、「ちょっとした作業」をしていた。医師は抗炎症剤を処方し、最低一か月のドクターストップを言い渡したが、彼女は拒否した。「彼ら〔雇用主〕は私なしでは何もできないのよ」「私はすべてを切り盛りしていたわ。彼らは私を頼りにしていたし、私が有能で信頼できるとわかっていたの」。自分は富豪の日常生活に必要不可欠だとの感覚は、使用人を優れた仕事ぶりへと駆り立て、痛みや病気を訴えたり、感じたりしないように仕向ける。「私たちは痛みには慣れているの。生きてきてずっと痛みがあったから、もう何も感じなくなったのね」とマリア＝セレスタは語る。

彼女は歯を食いしばって痛みを耐えたせいで、片足が不随になり、切断処置を受けた。ようやく、マリア＝セレスタは養生する時間を得、雇用主の子どもたちは、彼女がどれほど治療を必要としているかを理解した。「五年前のある朝、片足がすっかり壊死してしまったので、切断すると彼らに伝えたの」と彼女は軽い調子を装いながら語った。「彼らは仰天して、ショックを受けていたわ！　数か月前から私の足が麻痺していることに気づきもしなかったのね」。マリアナは毎日雇用主と彼らの子たちに会っていたが、彼らは彼女を見ていなかったようだ。

身体を持たない使用人

使用人の身体は日々過酷な試練にさらされている。彼らはマリアナと同じく、仕事に追われて休む間もない。休憩時間ができても、翌日以降の仕事を先に片付け、すでに完了した仕事をさらに完璧にしようと手を加える。これは富豪の使用人職における重要な側面で、富豪にとって、使用人を雇うメリットとはカスタマイズされた完璧なサービスを受けられることにある。[12] カスタマイズされたサービスは、雇用主の嗜好や希望への絶え間ない適応を前提とする。あらゆることを先回りするのも重要だ。マリアナは、スヴェトラーナがリュカを連れて学校から帰宅したら、レモンかグレープフルーツかオレンジのしぼりたてジュースを飲むことを知っている。そこで朝のうちからジューサーを出して、三種のフルーツを調理台の上に置いておき、夜はかならず果物のストックを確認する。先回りは精神的負担を引き起こし、多くの使用人が、マリアナのようにメモ帳を肌身離さず持ち歩いている。スヴェトラーナがレモンジュースを飲みたいのに、レモンがなかったらどうなるのだろう。この質問にマリアナは「一大事よ!」と叫んだ。「彼女の性格はわかっているわ。何も言わないでしょうね。私の前で顔をこわばらせて、冷たい調子で深いため息をつきながら『じゃあ、オレンジにして!』と言うでしょう。私が最大限罪悪感を覚えるようにね」。実際、女主人にストレスを与えた代償を払わされたことがある。ある日、スヴェトラーナはグレープフルーツを所望したが、唯一残っていたグレープフルーツにはカビが生えていた。前の晩に確認したときにはまったく気がつかなかった。スヴェトラーナはその場では責めなかったが、夜、サロンでテーブルセッティングをするマリアナの横で本を読んでいるときに、彼女に直接言うでもなく、目を向けるでもなく、「女中を代えようかしら」とつぶやいた。

前述のクリステルも「私はいつでもどこにでもいるけれど、ボスは私のことなど見えてさえいないのよ！」と憤慨し、目を向けさせるために「アンティルらしい面」を大げさに強調すると述べた。彼女に限らず、どの使用人もある共通するパラドックスを指摘する。彼らはいつも雇用主の家にいて、どんな時も連絡が取れて待機中でなければならないのに、まるで透明人間になったような気がするという。体と心を使って働く使用人にとって、この度を超えた稼働性と不可視性の間の緊張は強烈だ。マリアナは、スヴェトラーナがまるで部屋の中に彼女がいないかのようにつぶやいたときには、「背筋が寒くなり」「傷ついた」と言う。「女中を代えると口に出して言うなんて挑発同然よ。でも面と向かって言われないのもつらいわ」。使用人はたびたび、雇用主は誠実ではないと批判する。自分たちを見ず、この苦しみ、髪の色、目の色、体格に目を向けようともしない主人を恨む。ナディーヌは「彼女は素敵なシルクのドレスをくれたわ。そのとき、ドレスを私の体にあてて、『まあ、ナディーヌ。あなたって本当に小さいのね！』って叫んだの。そりゃそうよ、一メートル四八センチしかないんだもの！」と憤慨した。彼女は四六歳のモロッコ人で、多国籍企業の経営者の家で女中として働いている。雇用主はフランスとスイスで、妻と子どもと暮らすニューリッチだ。女主人が一メートル七五センチ用のロングドレスが自分に合うと思っていたとは到底考えられない、と彼女は言う。その証拠に、採用面接で彼女が気に入られたのは、女主人が小柄な体格は控えめな性格の証拠だと考えていたからだと言う。だが面接が終わると、ナディーヌは透明人間になった。女主人はドレスを別の適当なサイズのドレスと取り替えようとも言わず、ファッションショーのために使用人を雇っているわけではないから、ベルトで持ち上げれば充分だと言った。

富豪たちは他人の前で使用人を見せびらかして華々しさを演出するのに、なぜ彼らに目を向けないのだろう。そのヒントは都市社会学にある。都市では社会的不平等が深刻化するにつれ、空間の分離が進み、「閉じたコミュニティ」（ゲーテッドコミュニティ）が増え、富豪が貧者を避けて暮らすことが可能になり、貧困の力を利用しつつ「貧者のゲットー」から発せられる暴力をこうむることなく、貧者と隣り合わせで生活できるようになった。家庭における雇用主と使用人の衝突も、これと似たロジックの上に立っている。使用人にあえて目を向けないのは、富豪たちによる親密な支配の一条件である。

私が初めてこのことを理解したのは、裕福な投資銀行家の妻で四七歳のフランス人女性マリエルが、五人の使用人に対して感じる居心地の悪さを語るのを聞いたときだ。それまで私は、使用人たちとの同居の難しさを口にする富豪にはあまり会ったことがなかった。インタビューで「助け舟を出し」ても無駄だ。使用人職において共同生活が重要な要素であることは、調査当初から感じていたが、貴族たちの側はくつろいで生活している。そうした余裕はごく幼いうちから始まる社会化に由来し、彼らは家につねに使用人がいることに慣れており、その姿が見えないかのように振る舞って、同居状態を耐えるすべを身につける。

マリエルのようにインタビューで「身の置き所がない」と告白するのは、むしろ使用人たちに慣れていないニューリッチだ。私の視線を避けて、使用人の存在が引き起こす居心地の悪さについて幾度も口ごもりながら話す様子からは、彼女の感じている気まずさがよく伝わってきた。

「確かになかなか難しいわ」

「毎日彼ら(使用人)と一緒にいることがですか」

「ええ……」

「それでも慣れましたか？」

「慣れないとね！　でも当時はちょっとした衝撃だった。私は……ひきつっていたわね。指示の出し方も知らなかったし、自分の家なのに落ち着けず、家にいながらにして侵略されているような、見張られているような気がしたわ。（中略）つまりは、あの小世界が背景の一部であるかのように振る舞わないといけないのね。最後には、『私には城も庭もあるし、使用人もいる。あれこれ考えてはだめ。とにかく全員のための充分なスペースはあるのだから。肝心なのは見くびられないこと』と自分に言い聞かせたわ」

一〇年前、マリエルと夫はフランス中南部アヴェロン県に城を購入し、初めて使用人を雇った。近所に住む貴族との交流や、超高級ホテルで複数の従業員のサービスを受けて過ごしたバカンスを通して、彼女は少しずつ、自宅での使用人の存在に慣れていった。母は看護師、父は消防士の家庭に生まれた彼女は、それまで「レストラン以外で」人に奉仕された経験がなかった。両親は女中や「ベビーシッター」を雇ったこともなければ、ホテルに行ったこともない。母は「髪形が不満でも、美容師に文句を言うことさえなかった」と彼女は言う。ニューリッチのケースは、人に仕えられることは決して当たり前のことではなく、学習が必要なことを示している。

学習は一歩ずつ進んでいく。幼少期に家庭内で使用人と接触し、くつろげる空間や保養地（スパ、ホテル、高級レストラン）に頻繁に滞在し、部下（秘書）との主従関係を伴う職業的地位に就くことは[13]、日々起こる使用人の身体との対峙に対処する際の決め手となる。マリエルのように慣れていない人には、使用人を見ない訓練が必要だ。そのための方法の一つが、家の空間内で使用人のための場（キッチン、食器室、専用トイレ、物置、地下室、ガレージ）と、雇用主の不在時には使用人がめったに出入りしない場（サロン、バスルーム、寝室）との境界を定めることだ。「主人」と「奉公人」の空間の明確な分割の痕跡をとどめる城もある。ジョッキークラブの会員で、貴族のジェラールが相続したロワール地方の城もその一つだ。私が訪問したときには、彼は地下室にも案内してくれた。祖父母の時代には、ここで使用人が料理し、洗濯し、食料や庭仕事の道具を保管し、休息していたという。壁にかけられたプレートは、いくつもの部屋につながったアラームシステムで、上階の祖父母は下階で立ち働く使用人を呼ぶときにそのベルを鳴らしていたそうだ。

使用人を働かせるために地下室を整備して、そこに彼らを入れるという行為は、支配される者の立場をあからさまに具現化している。だが現在はこうした具現化はより婉曲なものとなっており、雇用主と使用人の忌避のルールという形を取っている。使用人は音を立てずに移動し、ものを言わず、目を伏せて、最大限存在を消し去る。一方、雇用主は指示を出すときも含めて、彼らに目を向けない。こうして使用人は背景の一部となる。使用人の世界では、「家具になる」とは部屋の隅でひっそりと立つことを意味する。雇用主が夕食をとり、客とお茶を飲んでいる部屋で、使用人は魔法にかかったごとく、彼らの要望にいつでも応えられるよう待機しているのだ。

楽屋のない劇場

使用人の稼働性と不可視性の間の緊張、雇用主の命令と無視の間の緊張のもとをたどれば、元来親密な私的空間として設計された家という場における舞台と楽屋の混同に行き着く。使用人がこの空間で暮らすことは、家の概念に混乱を生じさせる。家は彼らの職場であり、多くの場合彼らの生活空間でもあるが、自分だけのスペースを持つことは、使用人にとっても雇用主にとっても難しい。家は大劇場のようなもので、雇用主も使用人もここで自分の役割を演じるが、この劇場には楽屋が欠けている。使用人が寝室、バスルーム、地下室、食器室、廊下で、仮面を外して一息ついても、それは一瞬のことに過ぎない。雇用主が使用人抜きで何時間も部屋に閉じこもっていても、使用人が一人で休息していても、両者とも互いが近くにいることをつねに意識している。

使用人は雇用主のことなら何でも知っているし、今何をしているかを逐一把握している。こうした全知への暗黙の要求は、カスタマイズされたサービスやそれに必要とされる先回り行動を成立させるのに不可欠な要素である。「日曜日にはマダムは決して同じ時間には起きないの。けれども起きたらすぐにベーコンエッグを準備して、階段から降りてきたら出せるようにしておかないといけないわ。どうするかって？　卵にはすぐに火が通るから、朝七時にマダムの部屋のすぐ下のバスルームに行くの。上のフローリングがきしんだら、すぐにキッチンに行くというわけ！」とシアムは説明してくれた。彼女は六〇歳近いアルジェリア人女性で、ロンドン、パリ、ニューヨークで暮らす貴族の家で、料理人兼家政婦として働いている。パリ西部の雇用主の家を訪問した私をくだんのバスルームに案内してくれ、清掃係のタシャが女主人の部屋に行って、床がきしむ音を立てて実演してくれた。シアムは女主人が起きたらすぐに朝食を用意できるよう、時間を調整して、日曜日に一階のバスルームの掃除をすることにした。女主人が朝七時半に起きたら、掃除を中断し、朝食後に再開する。使用人たちはシアムのように、雇用主の予想外の行動にもつねに対処できるよう、あらゆる情報を押さえている。

チームで働くことがきわめて重要なのもそのためだ。優れたサービスができるか否かは仕事熱心な仲間との連帯にかかっており、各使用人は専門に応じた仕事をしながら、雇用主一家の各メンバーがどこにいるかを把握しておかねばならない。マーガレットとフィリップ、クリスチャンとカトリーヌの家で働いていた当時、私は一時間に数度、雇用主のスケジュールについて同僚たちと情報交換し、在宅中の彼らがそれぞれどの部屋にいるかを連絡し合っていた。危うく彼らがいる部屋や書斎のドアを開けそうになって、呼び止められたこともしばしばだった。雇用主の服装をごくさりげなく観察するすべも学んだ。たとえば雇用主が裸足ならスリッパを、寒そうならカーディガンを持ってきた方がいいとか、急な来客があれば私たちも着替えた方がいいなどと、同僚に伝えられるからだ。私は使用人の習慣に従って、元同僚ラシッドの言葉を借りれば「ほやほやの新米」と一緒に、古参の使用人による内部トレーニングを受けた。使用人は働き始めると同時に、高級ホテルの従業員同様、現場でブルジョワのハビトゥス〔社会化を通して無意識に獲得される知覚や発想〕と追従者のエートス〔習俗を通して形成される性格や倫理的規範〕の間を巧みに綱渡りしながら、支配者の欲望を我がものとしていく[14]。富豪の要望に応え、回避と抑制のきいた相互作用の間で可能な限りスムーズに身体を移動させるには、何よりもこの大劇場で起こるすべてのことに通じていなければならない。

このロールプレイングゲームの中で、雇用主は使用人が見せる器用さに狼狽する。何でも知っている使用人とは違って、雇用主はほとんど何も知らないからだ。マーガレットが説明するように、彼らは使用人を調度の一要素と見なして、あえて目を向けようとせず、使用人がどこにいるかさえほとんど知らない。逆説的なことに、富豪はこうした状況を求めると同時に、苛立ち、時に不安さえ感じる。この点、ジャックのエピソードは非常に示唆に富んでいる。彼は七五歳のフランス人貴族だ。私はある秋の夜、パリの大邸宅で彼に会った。元会社経営者の彼は午後六時に私を迎え、一〇時まで、複数の使用人が働いていたフランス西部の城での幼少期を回想した。雇用主としての経験、使用人、妻、子どもたちについて、さらには彼が皮肉を込めて「きわめて興味深い小話」と呼ぶ事柄も語った。彼はユーモアにあふれた人物で、私の調査に大いに興味を示した。八時になると妻が夕食に呼びに来たが、彼は「いやいや、今夜は研究で忙しい」と答え、「急に若返った気がするから」ピザとコカ・コーラを注文してほしいと頼んだ。笑いの絶えない会話が続いた後、ジャックは家に使用人がいることの不便について話し始め、動揺したように、城で雇っていた元使用人ファリアが引き起こした感覚を語った。ためらいがちな口調と震える声は、彼の気詰まりな心の内を表していた。

「ファリアのどこが不愉快だったのですか」

「はっきりとはわからないのだけれど、何と言うか……おそらく私の個人的感覚でしょう。というのも妻は当時、同じようには感じていませんでしたから。とても正直者の娘だと思ったし、高く評価もしていました。実のところ、外れ続きだったから、彼女が来てくれて私たちは満足していましたよ。けれども……年をとったせいなのか(中略)、私には無理というか、まるで彼女がいつもそこにいるような気がするようになったのです。おわかりかな。失礼、これでは抽象的だから、一つ具体的な例を挙げましょう。私はそこの肘掛椅子を(彼は目の前の肘掛椅子を指さした)書斎で使っていました。城には大きな書斎があって、そこに大量のものを運び入れる前はこの椅子を置いてあったのです。(中略)書斎で私はのんびりと過ごしました。うるさい妻も来ませんし(笑)。ファリアが夜の一〇時頃にキッチンを掃除して、少し休憩する間本を読んでいることは知っていました。小サロンの一つでね。それで、よくわからないのですが……彼女がそこで何をしているか、何を考えているかを想像せずにいられなくなったのです。以前はそんなことはありませんでした。私は一〇人の使用人に囲まれて育ったし、彼らが何を考えているかなど気にもかけませんでした。彼らはまるで透明人間のような存在でした。だがファリアの場合、私は彼女がそこにいると意識するようになったのです」

使用人に奉仕されることにどんなに慣れている富豪でも、突然彼らの存在を意識し始めることがある。ジャックのように、ふと自分が一人ではないことに気づき、不安感に襲われる人もいる。一人の人間として目の前に出現した使用人は何を考えているのだろう、何をしているのだろうと自問する。

この点、富豪の想像力は豊かだ。邪悪な使用人、裏切り者、暴力などの幻想を紡ぎ出すのは、作家や映画監督だけではない。女性雇用主が使用人の採用を決定的に重大だと考えるのは、サービスの質だけが理由ではなく、使用人が盗みを働いたり、ドア越しに聞き耳を立てたり、外で秘密を洩らしたり、さらにたたちの悪い場合は毒を盛ったり、自分を殺したりするのではないかと恐れるからだ。恐怖は夢をも侵食する。私が働いていた家の女主人カトリーヌは、ある朝、ピクニックの準備のために私たちが忙しく立ち働いていたキッチンに入ってきて、こう叫んだ。「怖い夢を見たわ！　あなたたち全員が寝ている私の首を絞めるの！」

実際には、こうした惨事を耳にしたことはない。窃盗を犯した使用人の話は聞いたことがあるが、だからと言って雇用主が仕返しされるリスクはごく低い。けれども富豪は警戒を怠らない。やがて歯止めが利かなくなり、使用人に透明人間でいてほしいと願い、物言わぬ使用人に殺されるのではないかと恐れるようになる。支配関係が逆転するリスクを意識する富豪にとって、その可能性がごくわずかではあっても、使用人の管理は重大事なのである。

雇用主の目

雇用主がルクセンブルクに出発した翌日、マリアナが電話してきた。私は「彼らがいないから楽でしょう」と軽口をたたいたが、とんだ勘違いだった。マリアナは一年に数か月間、この大きなアパルトマンで一人になる。私が訪問したときには「全部、私だけのスペースよ！」と言ったが、思い直したように「でも、悠々自適ってわけじゃないわね」とつぶやいた。パリで一人で過ごす間は、責任の質も変わる。料理や買い物は不要だし、洗濯やアイロンがけも少ないし、先回りしてやっておく作業も減る。だが雇用主の邸宅を守り、手入れしなければならない。「これほど大きいアパルトマンだと、誰もいなくても毎日のように汚れるものよ。埃がたまるし、やることはたくさんあるし」と彼女はリュカの部屋で、小さな絵を納めた木の額縁を修理しながら言った。毎日掃除をし、修繕し、はがれている箇所を貼り直し、ほつれている衣服を繕い、服をクリーニングに持っていき、カーペットを洗濯屋に預け、部屋の模様替えをして、壁や家具を清掃し、銀食器を磨く。イヴとスヴェトラーナの友人や家族が来ることもある。「ボスは心が広くて、喜んで部屋を貸してあげるのよ」。マリアナには、エッフェル塔に面した大きなバルコニーや、バスルームの一つにあるジャグジーや、サロンのベルベット張りの大きなソファでくつろぐ時間など皆無だ。「ここで何でも好きなことをできると、本当に思う？」と彼女は天井に目を向けながら言った。私もつられて天井を見たが、何もない。だがすぐにわかった。家の中でマリアナはつねにカメラの目にさらされているのだ。

富豪、特にニューリッチの家にはカメラがたくさんある。実際、何人もの富豪が私に、所有する複数の家にカメラを取り付けてあると証言した。アラームに接続して侵入を検知するカメラもあれば、使用人をひっそりと監視するカメラもある。使用人は勤務先の家にカメラが設置されていることをかならずしも知っているわけではないが、ベテランなら、設置を見越して「少しの過ちも犯さぬよう用心する」とマリエルは言う。彼女は当初カメラ設置に反対だったが、友人の話を聞いて、使用人の不正行為を抑制し、働くよう仕向けるには有効な方法だと考えるようになった。廊下にカメラを設置したのは、「使用人が何もしないのにはうんざりだし、無駄にお金を払うつもりはない」からだと釈明する。「彼女たちは(廊下で)おしゃべりしすぎる傾向があった」。使用人が何をしているか雇用主が知らなくても、カメラは知っている。だが富豪はほとんどカメラを確認しない。マリエルは録画を「もう二年も見ていない」し、録画ファイルがどこにあるのかさえ覚えていない。カメラを管理しているのはマリエルでも夫でもなく、執事のティモテで、カメラに接続したコンピュータのログインパスワードを持っているのも彼だ。

富豪が使用人と顔を合わせたくないときには、カメラや執事や女中頭が代わってくれるが、貴族は、執事や女中頭の方がカメラよりもずっと有効だと言う。ジャックも「女中頭のジャンヌは、オオヤマネコのように何でもお見通しだった」と回想している。彼女はある時、現場を目撃したわけでもないのに、冷蔵室に置いてあった有名パティシエの作ったケーキのクリームにこっそり指をつけた料理人を特定し、叱責したという。富豪の家を工場にたとえるなら、執事と女中頭は現場監督だ。彼らは使用人のヒエラルキーの頂点に位置するが、その立場は明確ではない。彼らは一番高い給料を取り、富豪にもっとも近く、ほかの者に指示を出すが、それと引き換えにあらゆる機能不全の責任を負い、部下から恐れられ、裏切り者と見なされることも少なくない。というのも、執事はもっとも忠実な使用人の中から選ばれ、雇用主に不動の忠誠心を示さねばならないからだ(15)。彼らにとっては、主人に反抗するとか、周りをそそのかして自由を主張するなど論外だ。それどころか、同僚を叱り、密告も辞さないことこそがプロの証とされる。執事にとっての「汚れ仕事」、つまりあまり気の進まない仕事とは、女中の担うトイレ掃除ではなく、執事として成功したマリウス曰く「他人を叱り飛ばす」ことである。彼らは朝から晩まで、同僚たちがしっかり仕事をしているか、怠けていないか、不正行為を働いていないか見張らねばならない。マリウスが「この世で一番嫌い」な瞬間は、皆が何をしているか素早く目を配りながら各部屋を横切るとき、疲れた者や具合の悪い者に、仕事をしろ、もっとペースを上げろと命令せねばならないときだ。彼の職場は分刻みのスケジュールで動き、分業も徹底されているので、使用人の一人がしくじったり、欠勤（最悪のパターン）したりなどすれば、すべてを仕切り直さねばならない。「誰かが職場放棄したり休んだりしたら、パニックだよ」と言う彼に、私がそうしたことはよく起こるのかと聞くと、彼は数秒間考えてからきっぱりと答えた。「いや。ここで働きたいなら、犠牲は覚悟しないと」。弱すぎる使用人、要求が多すぎる使用人のための場所は、この世界にはない。

自分のものではない身体

富豪が使用人の前で語る評価や好意の言葉と、彼らのある種の言動との間には明らかなずれがある。マリアナがイヴ、リュカ、そして特にスヴェトラーナに対して抱く矛盾した感情も、雇用主と使用人の関係につきものの愛着と反発、近さと距離、信頼と不信の入り交じった心境を雄弁に物語っている。富豪、とりわけ女性の富豪は繰り返し、自分たちの感じるアンビヴァレントな感情に言及し、時にはうんざりするとしても使用人は「家族の一員」だと語る。使用人との関係についてたくさんのエピソードを語った老齢の貴族フランソワーズは、「オクサナはあくまで使用人ですが、私は我が娘のように愛していますと言う。この言葉には、オクサナは娘でもあり使用人でもあるという矛盾した認識が表れている。彼女はオクサナを我が子のように愛しているが、血はつながっていないことをオクサナに忘れさせないようにもしている。たとえば、オクサナは家族の夕食に決して同席しない。フランソワーズは子どもたちには親称で呼び合う《テュトワイエ》口調を許すのに、オクサナには敬語《ヴヴォワイエ》を課し、「あなた様」と呼ばせる。数十年忠実に仕え、幾千もの夜と昼を費やしてフランソワーズをなぐさめ、世話をし、話に耳を傾けても、当然ながら彼女の遺産がオクサナに渡ることはない。

　情動と曖昧さのしみ込んだこうした関係を通して、富豪は使用人の献身をたたえ、彼らの身体と言語を所有する。その際に富豪が用いる手段は、程度差はあれ率直で明白、そして乱暴だ。マリア＝セレスタが言うように「ささやかなゆすり」の場合もある。彼女は何度も、何か月も待ちわびた休日をあきらめれば服をあげよう、盗みの疑いをかけられた同僚を密告したら報奨金を与えようと持ちかけられた。使用人の名前を自分好みに変えて、彼らを従属させる富豪もいる。社会学者クローデット・ラセルは一九世紀フランス都市部の使用人に関する研究の中で、使用人の名前を変えることが習慣化しており、それが「他者を別階級、別世界の存在として知覚する」態度を反映していると論じた。(16) こうした行為は現在でも、一定の貴族やニューリッチの間で続いている。特に移民出身の使用人の名前は、雇用主の言葉を借りれば「よりフランスらしい」「イスラム色の薄い」「発音しやすい」「意味のある」名前に変えられることが多い。使用人が自ら移民先の国で、ありふれた人種差別や、「同化」する意思がないのではないかとの疑惑に応える形で、公にあるいは個人的に新しい名前にすることもある。私は調査の過程で、雇用主の前で「フランスらしい」名前を使う多くの使用人と会ったが、課せられた名前を受け入れる以外の選択肢を持たない者もいる。「旦那様は初日から私のことをマリー＝セレストと呼んだわ。彼にとっては、名前は翻訳するものなのね。私は何も言わなかった。自分の名前と似ても似つかない呼ばれ方をするよりかマシだもの」とマリア＝セレスタは言う。あらかじめ使用人に付ける名前を決めている雇用主もいる。「私の家ではモウナよ。うちで働く女性はモウナと呼ばれるの。そういう決まりなのよ」とヴィオレーヌは断言する。彼女は三〇代のフランス人ファッションモデルで、投資銀行家と結婚している。彼女の家で働く使用人にはアラブ系の名前が付けられる。モロッコやチュニジアのホテルで過ごした時間を思い出すからだ。ホテルでは「掃除婦全員がモウナという名前」だった。使用人を一律にマリアとかコンシータと呼ぶ雇用主もいる。これは、多くの「女中」がスペイン語圏やポルトガル語圏からの移民であることに由来する。(17)

ある職務の歴代の使用人につねに決まった外国人の名前を付けるという行為は、彼らのアイデンテイティを使用人の地位に単純化して、階級差を明確にするための手段である。この行為は主に女性を対象にしているが、これは女性雇用主にとって、ともすると自分を重ねたり比較したりしそうになる女性使用人との間に距離を確保する方法の一つである。「モウナと私は全然違うの。彼女は家のこと、子ども、料理、掃除が好きだけど、私はそんなことは大嫌い！」とヴィオレーヌは言う。インタビューの間中、彼女はいかに自分とモウナが違うかを繰り返し強調した。彼女の夫は多くの雇用主の例にもれず、名前の変更には無関心だ。彼女はそのことに神経を逆なでされ、モウナは単なる使用人に過ぎず、「それ以下でもそれ以上でもない」ことを何とか夫にわからせようとする。のちに彼女は、自分は「女性の魅力に弱い」夫に対して、何としても使用人を無価値に見せたかったのだと告白した。使用人の名前を変えることで夫への誘惑を妨げようとする女性雇用主は少なくない。

マリアナには、雇用主に名前を変えられた南米出身の友人が多数いるが、彼女に言わせるとそれは、使用人を貶めるために富豪が「考えつくありとあらゆる手段」に比べれば「大したことではない」。彼女にとって何よりも不愉快なのは、自身が経験した、あるいは人から聞いた、羞恥心を踏みにじる行為だ。詰まるところ、使用人の人間性の一部を否定する雇用主が、他人が感じるであろう苦痛、不快、羞恥心を気にかけることなどあるだろうか。これこそが、一部の「卑劣な」雇用主についての彼女の発言が意味するところである。

「卑劣なボスに当たったこともあるわ。（中略）年中パーティーばかりしている人たちだった。ウィークデーも週末も、いつもよ。すごくストレスにさらされているから、夜になると弾けずにはいられなかったのね。朝行ってみると、たいていひどいものだったわ。あちこちに瓶が転がっていて、お酒がこぼれていて、汚くて。でも私は慣れていたし、始終ティーンエイジャーのパーティーの翌日の始末をしているみたいな感じだったわ。あの日も、私や私の羞恥心への心遣いなんてまったくなかった。床にたくさんのコンドームが散らばっていたの。（中略）前の夜に乱交パーティーがあったのよ。そして私がそれを拾わなければいけなかったというわけ。どれも使用済みだった。本当に胸が悪くなったわ。そしてすっかり悲しい気持ちになったの。吐き気がして、この家で自分は何をしているのだろうと思った。私はそんなふうに育てられなかったし、彼らが誰に育てられたのか知らないけれど、子育てでは完全に失敗だわね！　皆まるで何事もなかったかのように、自宅に帰っていった。バラの香りがする自宅にね。こっちは翌朝、コンドームを始末しなければならないの。彼らにとって私は何なのだろうと思ったわ。つまり女中でしかないわけね。私が何を目にしようと傷つかないとでも思っているのよ。彼らにとって、私は人間ではないのだと思った。感情も羞恥心もないと信じているのね。マリアナは単なる雑巾か掃除機。何も言わずに掃除をするだけ！　だから私も、何事もなかったかのように掃除をしたわ。それが私の仕事だもの」

　マリアナは汚いものを扱うのには慣れている。だがある種の汚さは彼女の尊厳を傷つける。あの朝、勤め先の家で目にした使用済みコンドームもそうだし、裸で歩き回ったり、慎みを忘れて性的愉しみにふけったり、仲間内であけすけな冗談を言い合ったりする雇用主自身も同じだ。使用人はこうした振る舞いを無礼と受け取るが、思い切って口に出すことはない。「彼らは自分の家にいるのだから、好き勝手に振る舞えるのよ」とファトゥーはため息をつきながら、雇用主の自宅における権利について雄弁に語った。マリ人の彼女はパリ西部の邸宅に住み込みで働いている。

　使用人の羞恥心を踏みにじる富豪の態度は、物理的距離や法の一線をも超えることがある。本章冒頭で述べたように、マリアナと私は一晩中打ち明け話をし合った。その時彼女は、以前の雇用主の息子に強姦されたことを告白した。性的なハラスメントや虐待、より広義には性的事柄を主要テーマとしない社会学調査では、こうした情報に接することは皆無に近い。実際、使用人にタブーを破るよう強制する覚悟がなければ、あるいは使用人たちが考えもしなかった問題意識を押し付ける覚悟がなければ、こうした話題を取り上げることは難しい。現場での私は、肉体的暴力の問題については成り行きに任せることにした。話し合いを重ねる中で、そうしたことが話題に上ることもあり、いくつかのエピソードには衝撃を受けたが、私は自分を抑え、カウンセラーやケースワーカー、相談相手のような役割を引き受けざるをえなかった。力動的な調査が行えるか否かは、こうした女性たちの不満や悲しみを聴く能力にもかかっており、彼女たちは抑制のきいた発話と不意の打ち明け話の間できわめて貴重な発言の空間を与えられ、私に謝意を示した。夜になっても、彼女たちから聞いたことが脳裏から離れなかった。それは奇妙なエピソードであり、苦悩と反発とあきらめの入り交じった話でもあった。すべての使用人が暴力を振るわれたり、強姦されたりするわけではないが、多くの使用人が日頃から、雇用主に尻を触られるのではないか、彼らの息子たちにベッドに押し倒されるのではないか、女主人に胸をつかまれてブラウスの中に手を「押し込まれる」のではないかと恐れている。「ここで働くのは素晴らしいことよ。でも彼らは格上で、自分たちはあなたを思いのままに扱えるのだから用心しなさいと言われたわ」とファトゥーは語る。

自分が性的被害に遭う可能性があることを、使用人はわきまえている。雇用主の私生活の中で働く限り、「抑制度は低くなる」とマリアナは言う。つまり女性使用人は、同僚も含め、家にいる男性全員を警戒しなくてはならないのだ。「料理人や執事の手が伸びてくるなんて、日常茶飯事よ！」とマリア＝セレスタは笑い飛ばす。空を見上げて肩をすくめる彼女は、まるで「それだけならいいのだけれど」と言っているかのようだ。こうした行為は、富豪が使用人の身体に振るう支配の極みである。ファトゥーは「覚えてる？　ストロス＝カーンがソフィテルの女性従業員を暴行したと報道されたでしょう〔二〇一一年、フランスの政治家ドミニク・ストロス＝カーンがニューヨークのホテル「ソフィテル」で女性従業員に性的暴行を働いたとして逮捕された事件〕。でも私は驚かなかったわ」と述べ、この事件と、使用人や小間使いをしている複数の友人たちが受けた性的暴行を重ねた。事件の被害者ナフィサトゥ・ディアロは当時ＩＭＦ（国際通貨基金）専務理事を務めていたストロス＝カーンの告訴に踏み切ったが、ファトゥーの友人たちは違う。彼女たちが、瀟洒な地区の磨き抜かれた金色の手すりや銅の扉の裏に隠された秘密を明かすことはないだろう。

第五章

搾取する権利

二〇一五年夏、週刊誌『ロプス』〔*L'Obs*、旧『ヌーヴェル・オプセルヴァトゥール』〕は、「僕はマダムにオムツを履かせられた。元女中、三一歳のダミアンに起こったこと」という煽情的な見出しを付したオンライン記事を発表した。[1] ある貴族の家で使用人として働いたダミアンの経験を報じたこの記事は、すぐに大きな反響を呼び、ダミアンは嘘つき、マゾヒスト、変態に違いないとの噂が飛び交った。興味を持った私は、記事を書いたドアン・ビュイにコンタクトを取り、ダミアンの連絡先を教えてもらった。経緯を聞かせてほしいと依頼したところ、承諾の返事が来た。

ここではダミアンをフロランと呼ぼう。私は彼と電話やショートメッセージで何時間も話し、一緒に一日を過ごした。現在彼は結婚していて、幼い子どもが三人いる。訪問当日、彼は休みを取り、私たちは彼の家の近辺を散歩したり、川沿いのベンチで昼食を食べたり、ベビーシッターの家に彼の子どもを迎えに行ったり、彼の家でお茶を飲んだり、徒歩や車で家の周りの田園地帯を回ったりしながら話し続けた。現在、彼はまったく別の仕事をしているが、[*a] 妻は彼が一九歳の時から二年間使用人として働いていたことを知らない。フロランは自身でも「女中だった」と言い、女性形で話した〔フランス語では主語が女性か男性かで、形容詞等が変化する〕。

当時彼は実家を出て独立するためのお金を必要としており、家の近くの城で庭師を募集していると聞いて応募した。採用後数日のうちに、「先生」（彼はまだ女性雇用主のことをこう呼んでいる）による女装の強要が始まった。まず、城の女性使用人たちが着用しているワンピースと仕事着を着せられた。ある日、女中頭がベッドの上に置いていったのだ。それを着る以外に選択肢はなかったと彼は言う。次に名前を女性形に変えられた〔たとえばジャンならジャンヌ、シモンならシモーヌなど〕。その後シニョンに結った長い髪のかつら、薄化粧、コットンを詰めたブラジャーも加わった。この貴婦人の城で働いていた当時、フロランは女性だったのだ。女主人は彼を、地方でも一、二を争うホテル専門学校のコースに入れた。友人である講師の協力のもと、彼を「しつける」ためだ。彼は「先生」と一緒にパリへ行き、一六区にある職業服専門店で新しい仕事着を試着した。

女主人はこの店でオムツも買っていた。フロランはオムツについて、まるで花束の話でもしているかのように淡々と長時間語っていたが、面と向かって話してみると、みるみるうちに目に涙が浮かび、「こんなにあけすけなこと」を話して申し訳ないと言った。彼が働いていた城では、使用人全員がオムツをしていた。就業時間中トイレに行って時間を無駄にしないためである。それぞれにオムツの数の上限が決められていた。食事をするときにはよだれかけをつけさせられた。何らかの理由で罰を受ける使用人は、「先生」の命令で料理人が作った離乳食を食べさせられた。

フロランは数々の屈辱的で強烈な行為を語った。彼のトラウマの痕跡は会話のあちこちに残っていて、インタビューは一時、心理セラピーのセッションのようになった。彼は何とか仕事を辞めて、別の職種に就いた。「女中の体から抜け出すため」三〇キロ以上太ったと言う。今でもかつての女主人に怒りを感じることはないが、なぜ彼女の要求を文句も言わず引き受けたのか自分でもわからない。すぐに仕事を辞めなかった主な理由は、お金が必要だったから、富に惹かれたから、罪悪感を覚えたからだと言う。

私は様々な点でフロランのケースに当惑を感じた。多くの場合、トラウマと暴力の分析は心理学の

＊a　彼には匿名を守ることを約束したので、職業も伏せておく。

領域に属するが、彼の経験をどう扱うべきだろう。彼の受けた極度な抑圧と、私がほかの使用人たちから聞いた様々な被支配経験は、どのような点で比較しうるだろうか。そのヒントは、フロランが気にもかけない、あるささいなことにあった。私は、メディアの注目を浴びる搾取された使用人たち同様、彼も正規雇用ではなく、給料も低いだろうと考えていた。たとえば、メソッド・シンダイガヤは、パリからそう遠くない場所にあるブルンジの元大臣の家で一日一九時間働かされ、ボイラーのそばの床で寝、パスポートを取り上げられた。(2) だが私は思い違いをしていた。フロランは正規で雇用され、彼が署名した雇用契約書には、オムツを拒否した場合には翌月の給料から四〇〇ユーロの罰金が差し引かれると明記されていた。そのため私は社会学者として、搾取に由来する使用人のトラウマや病理学よりも、むしろ現代のフランスで搾取を許す社会的・制度的条件について疑問を抱いた。

法律はゲームだ

上層階級は税務署や司法当局に対し様々な手口を使って、不正、汚職、その他不法行為を正当化しようとする。(3) 経済的、文化的、社会的資本のおかげで、彼らは他者よりも権利というものに精通し、法律をゆがめて都合のいいように解釈する。私が会った富豪たちの労働に関する法律や権利の知識は一様ではないが、総じて自分の意のままに使用人を雇えるくらいには行政と渡り合える。「いずれにせよ、誰が確認するっていうんだい」とシャルルは言う。彼は五〇歳近いフランス人企業経営者で、二人の使用人とは雇用契約を交わしていない。彼の言うこともっともで、使用人の給与が法定最低賃金以下で、夜はただ働きをし、労働条件を明記した文書は一切ないことを確認する者など一人としていない。というのも労働監督局が、個人宅を訪問して雇用状況を確かめることはないからだ。外から見るだけでは、家の中で起こっていることはわからない。自分は二人の使用人——リラとヤスミン——の権利を最大限尊重しているとシャルルが自信満々に確言するのも意外ではない。

「ここでは、リラとヤスミンは自分の家にいるようなものですよ。家のことなら何でも知っているでしょうし、何をすべきかもわかっています。その方が妻にも私にも都合がよいのです」

「彼女たちは一日におおよそ何時間働くのでしょう」

「そうですね、何とも言えませんね。よくわかりませんが、計算すれば、あなたや私と同じでざっと八時間でしょう。ほら、普通の就業時間、一日八時間というやつですよ。それから上の階の自分たちの部屋に戻ります。いや、私たちは本当にその点は尊重していますよ。だってそうでしょう、法律ですから」

「法律？」

「ええ、重要なことですよ。妻も私も法律を守っています。万事がきちんとしていれば、すべてよしですよ。価値観の問題ですね。彼女たちが満足していて、いい生活を送っているのは明らかですよ。私たちにとっては大切な点です。それにトラブルはご免ですからね。係争と言えばいいかな。だからあらゆることを尊重しています。彼女たちには休憩時間も休日もあります。確認すればわかりますが、法律ですからね。ごく当然ですが、私たちはそれを守っているわけです。そういったことを守っていない人の話を聞くと、フランスには法律があるのだから、守らねばならないと思いますよ。それだけのことです。そういうものですよ」

私が会った雇用主のほとんどはシャルルのように、法律は最大限順守すべき強制力のある仕組みだと認識していると断言する。だがえてして現実は違う。シャルルは八時間労働、休憩、休日などに関するきわめて曖昧な枠組みと、（彼が仮定する）使用人の感覚を根拠に、労働環境が優れていると主張するが、リラとヤスミンが一日に何時間働いているか、最後にバカンスをとったのがいつか、どんな仕事をしているかを聞かれても答えられなかった。彼との話が進むにつれ、彼女たちがシャルルの老齢の義父の面倒を見ていること（特に夜間）、「彼女たちから依頼があれば」午後だけは休憩できることが判明したが、いずれも雇用契約書には明記されていない。シャルルは労働時間を週一二時間と申告し、差額は無申告で払っている。だが彼は「うちは正規雇用していますよ」と断言し、（彼曰く）まったく申告をしないまま使用人を雇っている人が多い中で自分たちは例外的存在だと胸を張る。

シャルルのしていることはごく普通だ。もぐりの労働は確かに存在するが、ほとんどの富豪は「グレーゾーン」で、労働時間を部分的に申告して、税の控除を受けている。実際の労働時間は上限を大幅に超えているし、契約書は一切ない。個人雇用の賃金労働者の労働協約に話が及んでも、雇用主である富豪たちが乏しい知識しか持っていないことは明らかだった。労働法の歴史において、協約制定には長い時間がかかった。使用人は二〇世紀の労働争議の対象外で、ようやく労働法に組み込まれたのは一九七三年のことだった。[4] 法律順守とすり抜けの入り交じったシャルルの態度はいくつかの点で、使用人の権利確立を目指したブルジョワ層のアンビヴァレントな政治運動と重なる。早くも一九三〇年代には、ブルジョワ層キリスト教徒のフェミニズム運動家たちは使用人に目を向け、条件改善に取り組んだ。女性雇用主は使用人たちの労働環境に配慮すると同時に、彼らが権利を手にすることを恐れた。

独立事業者カトリック運動（ＡＣＩ）とキリスト教青年労働者団体（ＪＯＣ）の会合記録にも、こうした緊張が映し出されている。ブルジョワ女性が日常生活について語った「生活に関する会合」の記録には、「家族生活を共有しえない部外者が自宅にいるのは、あまり道義にかなっていないことは確かだ。だがこれを将来の自由な生活のための教訓とすべく努力することはできる」とある。この文書が保管されている箱には、労働協約計画に関する討議を記録した一通の書簡も収められていて、そこには「労働協約という言葉を聞いただけで寒気がする」「重要なのは友愛だ！　こんなことでは、雇用主と被雇用者の戦争が勃発するだろう！　せっかくの家族的精神が完全に破壊されてしまう！」[5]との言葉が書き連ねられている。使用人を雇う女性は彼らの反抗を恐れたが、一九五一年に労働協約が成立したのは、彼女たちのおかげでもある。[6]協約は幾たびかの改正を経ながらも、現在でもまだあやふやで、どちらかと言えば雇用主に有利だ。さらに、個人雇用主連盟（Fepem）が雇用主の利益を巧妙に保護している。

だが、私が会った富豪たちは Fepem に加入しておらず、労働協約にも無関心だ。労働協約は「家族的精神」に反すると最初に反発したのは貴族の女性たちで、早くも一九世紀にはこの精神を強硬に主張した。彼女たちは母や祖母から受け継いだ伝統を盾に、自分たちは使用人と「どう接すればいいか」を知っていて、法的な基準は不要だと考えている。「いずれにせよ、こうしたことにはついていけませんん。どうして物事を複雑にする必要があるのかしら。雇用を申告しなければならないのはわかります。

それが法律ですし、ここはフランスですから。それに使用人たちも年金を積み立てられますし、私たちにも特典があります。でも文書で契約を交わすとか、頑なに労働時間を規定するとかいうことには反対です。先が思いやられます」とジュリエットは憤慨する。五二歳の彼女は貴族で、ギャラリーを経営している。五人の使用人を雇っており、インタビューでは一般論として、権利や平等の獲得を批判した。彼女は、自分と使用人との関係にはそうした概念が入る余地はないと考えている。

貴族女性が雇用契約に付す「打算的」性質は、経済理論ではなく献身に基づく活動を表徴する使用人像と対立する。彼女たちは、契約文書は柔軟性を妨げ、使用人が属す家庭内関係の足かせになると考える。服従は先験的《アプリオリ》に人間関係の私的、個人的、感情的、「情動的」性質により正当化されるが、労働契約はその人間味と温かみを奪いかねないというわけだ。貴族たちはすべてが前もって規定されることを好まず、仕事、労働時間、休暇に関して相当の交渉余地を残しておきたいと考え、使用人との関係における「流動性」や「簡潔さ」にこだわる。「使用人には、あらかじめ決まった休日はありません。直接相談しながら、感覚的に決めるのです」とジュリエットは説明し、彼らは「結局は暇で退屈するので」ほとんど休日を申請することはないと言う。このインタビューの前年は休日が二日だけで、月給は約一三〇〇ユーロ。使用人たちは一〇平方メートルの小部屋をシェアしている。ジュリエットは、使用人のうち二人（それぞれスリランカ人の男女）は週約一〇〇時間労働と引き換えに相当な報酬を手にしているると考えている。「彼らは満足していいます。スリランカにいたらこうはいきませんからね！」

外国出身の富豪もジュリエットと同じように、出身国の労働条件や権利を根拠に、自分は優れた雇用主だと主張する傾向がある。彼らはいわゆる「南」の国を権利が一切ない社会と考えているため、機会があるごとに親切な主人のイメージを演出する。「ある時、ラテンアメリカ出身なのに一か月に八〇〇ユーロも稼いで、住み込みなんてラッキーねと言われたことがあるの。多くのラテンアメリカの国に女性使用人を保護する法律があることを知っている人なんて、ここにはいないのよ」とマリアナは腹を立てる。実際、アルゼンチン、チリ、ウルグアイなどは他国に先駆けて、家事労働者の適切な仕事《ディーセント・ワーク》に関する条約（ＩＬＯ第一八九号条約）を批准し、法制を整えた。

だがフルタイムの正規雇用や契約文書だけで、すべての問題が解決されるわけではない。文書化された契約だろうと口約束だろうと、富豪の法律軽視主義への盾とはならないからだ。たとえばフロランの契約書は、法的には強制が可能か否か疑わしい義務（オムツの着用）を怠った場合、罰金が科されると定めていた。契約が服従関係を合法化し、搾取を認めることもありうるのだ。(7) ニューリッチも代々の富豪もそのことをよく心得ている。ギュスターヴの雇用主もその一人だ。ギュスターヴは三一歳のフランス人執事で、パリの裕福な企業経営者の家で働いている。私が雇用契約書を見せてもらえるかと聞いたところ、彼は小箱（肌身離さず鍵を持ち歩いている）から書類を出した。彼の雇用主はパリに複数のアパルトマンを所有しており、私たちはそのうちの一軒のサロンで話していたが、その間も、四人の使用人がアイロンがけや料理など、忙しく立ち働いていた。この夜、雇用主が三日間のニューヨーク出張から帰ってくるので、準備万端にしておかねばならなかった。

雇用主の留守中、ギュスターヴはアパルトマンを管理し、部下にメンテナンスを指示する。労働条件について数十分ほど話しているうちに、ギュスターヴも含めた五人の使用人が上階のトイレ浴室付きの部屋に寝泊まりしていて、雇用主が週四〇時間労働と申告していることがわかった。だが実際の労働時間はその二倍を軽く上回る。彼らの給与の半分以上は現金払いで、「ちょっとしたサプライズ」つまりボーナスが加わることもある。彼の雇用契約書を読んだ私は、思わず「これだけ?」と口にした。「あなたは店長なの?」と驚く私に、彼は笑いながら、これは雇用主の節税対策なのだと答えた。彼と四人の部下は、雇用主が所有する化粧品店で働く賃金労働者として部分的に申告されている。契約書には、週単位の労働時間と架空の職務しか記載されていない。自社の従業員として使用人を申告するのは、典型的な節税対策だ。職業柄、富豪は一部の労働法、そして何より様々な節税法に通じており、ギュスターヴの雇用主も、使用人を雇ってもあまり高くつかないよう細かく計算していた。巨額の資産を所有するからといって、出費の合理化や使用人のコスパ計算を怠ることはないのである。

相応の搾取

「文句は言わなかったよ。それに、悪い思い出しかないというわけでもない。給料はよかったし、先生は優しかったからね」。フロランの身体が女性にさせられ、暴力を受けるにつれ、給料は上がり、女主人と、彼女の代理である女中頭の振る舞いは叱責と賞賛の間を行ったり来たりした。フロランは自分の置かれた立場をどう考えるべきかわからなかった。同僚の助言に従って、この仕事は俳優と同じだと思い込もうともした。朝、ワンピースとかつら、オムツを着用して舞台に上がり、役を演じるというわけだ。だが現実はそう単純ではない。私の前にいるフロランは自分のことを男性として語ることもあれば、女性として語ることもあり、血肉と化した二重のアイデンティティにまだ悩まされている。しかし「女中」として働いた城では楽しいこともあったし、お金も稼いで貯金もできた。

使用人の給与はたいてい、彼らが様々なヒエラルキーの中で占める位置、専門分野とそれに関する能力、経験、以前勤務していた家庭からの評価に左右される。性別や人種などの特性も影響する。一般的には、仕事内容、労働条件、雇用主との関係は、彼らの個人的価値や、潜在能力に対するより細かな評価の上に成立する。執事は経験豊富で、他の使用人よりも高学歴で、評判もよく、使用人市場での価値が高いからこそ、正規雇用され（ギュスターヴのように架空の役職であっても）、給料もよく、雇用主から敬語で話しかけられ（彼の部下たちには平常語が使われる）、（マリウスのように）雇用主から貯蓄アドバイスを受ける機会も多いことは事実ではある。だが同時に彼らが男性であり、仕える家の男性と特別な関係を築き、彼らと感情的・ジェンダー的に近いことも影響している。使用人ファリアに対する気まずさを語った貴族ジャックは、「うちには執事もいたのですよ！　若い男性で、私はよく彼に自分を重ねたものです」と回想した。この執事は二〇代の学生で、フランス国籍の白人で、背が高かった。ちょうど二〇代の頃のジャックのように。そして当時のジャックと同じように、彼もソルボンヌ大学の学生だったが、働いたのはわずか一か月間だった。ジャックが彼を執事にしておくのに我慢できなかったからだ。「私は優秀な学生だったのですが、あの年齢で自分が執事になっていたらと、つい想像してしまったのです。何とも耐えがたいことですよ！」彼はこの学生との近似性に我慢できず、解雇を選んだ。自分と似た使用人を支配し、他者化することに、富豪は一抹の不当性を感じる。

使用人は富豪に鏡をかざして、彼らが行使しうる特権、権力、抑圧を突き付ける。移民の女中と女性雇用主の関係に注目したフェミニストの研究者たちは、階級も人種も異なる二人の女性間のジェンダー同一化が、親密さと同時に強い緊張をも生むことを指摘した。[8] 雇用主と使用人の客観的・主観的近さの度合いは、ゴールデン搾取のメカニズムの核をなしており、使用人が雇用主に「似ている」ほど、多くの資本を与えられ、激務の報償も大きくなる。[9]

ギュスターヴも雇用主と同じくフランス人で、白人で、オーヴェルニュ地方出身だ。大学で一年間経済学を学んだおかげで、経済学修士の資格を持つ雇用主と意見交換することもある。雇用主の妻は時々彼をマリウスと呼び間違える。マリウスは雇用主夫妻の息子で、ギュスターヴと同い年だ。私から週に何時間働いているのかと聞かれたギュスターヴは、すぐには答えられずに数分間考えてから、一日にせいぜい三時間しか寝ないと答えた。後の時間は雇用主のために費やす。夜になっても、マリアナのように繕い物をすることはないが、雇用主の事務書類を整理して、彼の会社の人事部とやり取りし（彼もほかの使用人たちもこの企業の従業員として正規雇用されている）、一家のバカンス計画を立てる。また、使用人たちのボーナスの分担や休日の振り分けも仕事の一つなので、彼自身が人事部的役割を担っている。労働法について多少の知識があったし、法律面で雇用主と使用人たちの仲介役ができることも採用の決め手の一つだった。[10] 皮肉なことに、彼は同僚たちが現状以上の権利を要求しないよう、そして自分たちがありもしない仕事のために雇われていることを誰にももらさないように管理しなければならない。それにはちょっとしたコツがある。「君たちのしていることは天職なのだと繰り返し言いきかせ、何かにつけプレゼントを贈ること。ちょっとしたもの、ほんの少しの気配り、スカーフ、チョコレート。そして仕事が大変なときは元気づけること」だ。ギュスターヴの月給は五〇〇〇ユーロで、三〇〇ユーロの特別手当が一年に一〇度ほどつく。ただし休日はなく、雇用主の家から一歩も出ず、家族や友人とのコンタクトも一切ない。労働法に通じている彼に労働法は適用されない。

フロランのケースは、ゴールデン搾取に通じるメカニズムの好例である。ジェンダー規範は女性を男性の支配下につなぎとめるが、使用人の場合そのプロセスは家や家庭を舞台とするため、より静かで、より暴力的だ。自分に仕える者が家にいる状況は、雇用主と使用人のジェンダー規範を揺るがす。男性使用人を雇う女性雇用主たちの発言には、一つの共通点がある。それは、ある女性雇用主が料理人について口にした次の言葉に要約される。「私は彼に対しては普段からかなり冷淡です。彼から敬われなければならないからです。けれども彼から頼まれると、深く考えずに何でも聞き入れている気がします」。富豪の女性たちは家庭内で男性に指示を出すことについて、夫ほどの備えも正当性もないと感じている。彼女たちに残された道は二つ。一つは夫と使用人にすべてを任せて身を引くこと、もう一つは（極端にも）、ジェンダー支配を覆すことである。フロランに課された女装強制はこうした文脈で理解することができる。女性になった彼は、女性から命令を受けうる存在となる。「先生にとっては、僕が女性でいる方がやりやすかった」と彼は繰り返し語った。この場合、ジェンダー規範は根本的には覆されない。

こうしたジェンダー規範の保全ロジックは、男性使用人は同性愛者だと確信している女主人の間でも婉曲な形で認められる。確かに私が会った執事、運転手、料理人は、使用人職は同性愛の男性にも開かれた職種だと断言したが、だからと言ってそれが一般的というわけではない。それでも女性雇用主は、男性使用人の「エレガンス」「物腰」「品」「穏やかさ」の内に特殊なセクシュアリティの印を見ようとする。しかも彼らにこうした所作を求め、指導さえするのは女性雇用主自身である。シャルルとのインタビュー後に彼の妻ドロテと雑談をした際、彼女はかつて働いていた労働者階級出身の男性について、最初はやや「粗野」で「ぎこちなかった」が、徐々に「洗練され」「洒落て」いったと語った。この話は女性雇用主の抱く幻想を明らかにしている。彼女曰く、これは彼の「抑圧された同性愛」の証拠なのだ。

男性使用人が移民家庭出身の場合は、かならずしも同性愛者とは見なされない。採用、職種割り当て、評価は人種差別的偏見に基づく場合もある。男性雇用主は移民、庶民階級出身、低学歴の女性使用人に対してはさほど恐れを抱かず、フランス語を話さず、フランス国籍を持たない女性使用人が相手の場合、恐れの度合いはさらに低くなる。前述のように、彼らは不快さをもたらす使用人のいわゆる「文化的」特徴とは距離を置くが、使用人が反抗したり、告訴したり、階級、人種、ジェンダーを通した支配の規範や意味に疑義を唱えたりすることを危惧しているわけではない。彼らからすれば、こうした使用人の仕事に、ギュスターヴのようなハイクラスの使用人と同程度の報酬を与えるなど無意味だ。第四章で登場したナディィーヌは、前職での自分の仕事に対する評価や報酬についてこう語った。

「今よりも給料は少なかったの?」

「ええ。法定最低賃金だったわ。それでも私からすれば悪くなかったけれど」

「なぜ?」

「モロッコから来たばかりでフランス語もろくに話せないアラブ女だからよ。当時の私はおとなしくて、何にでもはいと答えていたわ。『ナディィーヌ、日曜日に働いてくれる?』『はい』『ナディィーヌ、今夜は一〇時まで働いて、明日の朝食は五時に作ってほしいの』『はい』『ナディィーヌ、窓ガラスがまた汚くなっているわ。お客さまが来るから、今夜のうちに掃除しておいてくれる?』『はい』といった具合にね。つまり何にでも、はいはいはい、って答えていたわけ」

「彼らからは感謝された?」

「『ありがとう、ナディーヌ。あなたって最高』と言われたわ。『ありがとう』はよく言われたわね。それから、マダムがもう使わない化粧品ももらったわ。でもシャネルの口紅なんてつける機会があると思う? ゼロよ。ああ、チョコレートもよくもらったわね。すごく高級なチョコレートよ。彼らにとっては、私を買うにはそれで充分だったの。でもそれは間違っていないわ。私は五年間も働いたのだから!」

「なぜ『買う』という言葉を使うの?」

「お金持ちは人を買うからよ。でも私はほかの人より安かった。何も言わなかったし、怖がられることもなかったし、フランスの滞在許可証も持っていなかったから。お金も必要だったしね。法定最低賃金が稼げると聞いて飛びついたけれど、それまでは不法就労だったのよ。(中略)今となってはそのツケを払わされているわ。だって充分な年金なんて夢のまた夢ですもの」

ナディーヌは、富豪から見て使用人にはそれぞれ「値段」があり、労働条件や雇用は、使用人の脆弱性や、彼らが雇用主に及ぼしうる力に大きく作用されると感じている。ジュリエットとのインタビューに途中から同席した従姉妹アナイスは「私はもうフランス人は雇わないわ。アジア人か東欧の人の方がいい。彼らはもめ事を起こさないし、ひどい扱いを受けているなどと文句も言わないもの」と話す。彼女は四〇代のフランス人女性で、夫が金融業界で稼いだ巨額の富で暮らしている。彼女が初めて口を開いたのは、話題が労働法に移ったときだ。「フランス人は言われたことを実行するのにいちいち要求が多いの。それに訴えるなんて脅すのよ！　ほかの国の人は違うわね。モルジブから来た使用人は、優しい言葉とハンドクリームで満足しているもの。彼らとの方が、すべてがずっとシンプルだわ」

「何もないよりかはマシ」

富豪が法律とゴールデン搾取のバランスをうまくとれるか否かは、協力的な使用人の存在にもかかっている。執事なのに企業管理職として申告されていることをどう思うかと私に聞かれたギュスターヴは、肩をすくめて「自分としてはどちらでもいい。給料もいいし、給与明細も出るし。すべての使用人に給与明細が出るわけではないからね！」と答えた。そしてごくわずかな休みしかもらえないのに、どうしたらそれほど働けるのかとの問いには、表情をこわばらせて、「これは僕の選択だ。僕は彼らに身をささげていて、彼らに仕え、忠実でなくてはならない。これが天職だ」と答えた。献身的な仕事ぶりを信仰心と結びつける使用人もいる。マリアナ、マリア＝セレスタ、彼女らの友人の南米出身の女性たち、フィリピンや西アフリカの使用人たちは、定期的にコミュニティの教会に通い、熱心なキリスト教徒を自認している。

富豪の使用人たちは、自分はよくやっている、努力はいつか報われる（ただし具体的にどう報われるのかは想像もつかないが）と自分に言い聞かせながら働いている。マリウスのように不動産投資で儲け、富豪の家で働きながら家族と暮らせる使用人はどれくらいいるだろうか。家族や友人との連絡を絶ったギュスターヴは、雇用主が家族だと言う。だが、彼らと食卓を囲むことは決してないし、バカンスに同行しても、ビュッフェやプールを楽しむこともなく、自分の好きな服も着られない。女主人から、シャツと黒ジャケットを着ると「完璧」だと言われたからだ。だが貯蓄に励むおかげで、預金口座は比較的潤っている。「楽しい年金生活を送るつもりさ」と言うが、彼自身その言葉を信じていない。年金の話題になると、口調が再び変わった。どこで生活するつもりかとの質問には、虚ろな目で「わからない」と答え、その瞬間、泣き崩れた。会ったときの余裕たっぷりでユーモアあふれる態度とは大違いだ。そして「確かに僕は独りぼっちだ」とつぶやいた。

マリア＝セレスタは年金生活を「嘘っぱち」と呼ぶ。「年金生活なんて嘘っぱちよ。どんな年金があるって言うの？」彼女からすれば、すべての使用人は結局は負け組だ。もぐりで働き、年金保険料を払わず、年をとったら「にっちもさっちもいかなくなる」。稼ぎがよくて貯金できたとしても、「へとへと」になって「とても孤独」だと彼女は言う。ずいぶん昔のことだが、ある友人は六七歳でポルトガルに豪邸を購入したのに、「悲しみ」のせいでその二年後に他界した。「彼女にはブラジルに置いてきた娘が一人いたけれど、引退しても一度も会わなかったの。それで彼女は壊れてしまったのね」。経験豊かなマリア＝セレスタはこの点、きわめて明確な意見を持っている。「彼らといれば、遅かれ早かれ、かならず騙されることになるのよ」

一方、現役の使用人はそれほど割り切っていない。労働条件は厳しいが、それだけの価値はあると言い、権利を踏みにじられても、仕事に満足していると断言する。ナイジェリア人のジョイスもその一人だ。三六歳の彼女は独身で、二人の子どもがいる。彼女と会ったのは南アフリカのケープタウン郊外で、当時私は国際的な執事養成スクールについて調査しており、そのキャンパスの一つがあるこの地域を訪れていた。(11) 生徒の一人、アクリッドはスラムで暮らしており、何度か彼の家に行くうちにジョイスとも知り合いになった。彼女とは何時間も話し合い、私がフランスに帰国した後もやり取りは続いた。彼女はニジェール、南アフリカ、ジンバブエ、フランスで使用人として働いた経験があるが、いずれも不法就労で、労働時間は一日一八時間以上に及んだ。住み込みだったが、食事は残り物ばかりだった。フランスでは三年間、首都圏に住む上級官僚の家で働いたが、スープの残り、骨、硬くなったパン切れなど粗末な食事しか与えられず、外出も禁じられていたので、食べ物を買いに行くことさえできなかった。雇用主にパスポートを取り上げられ、仕事が遅いと平手打ちされることもあった。「『お前はのろまで鈍くて、実にアフリカ人だな』と言われたわ」と回想する。その家にいる間に一五キロ以上痩せたが、心に傷を残す経験を笑い飛ばそうと「安上がりなダイエットよ！」と冗談めかして言う。給与は当時のフランスの法定最低賃金の三分の一相当だった。「私はそれでよかったの」と言うが、その口調には含みがある。彼女はほぼ全額をニジェールに暮らす二人の娘に送り、少額を「念のため」手元に置いておいた。自分は幸せだと思っていたし、惨めだったわけではなく、雇用主に就労を申告しないでほしいと頼んだのも自分だと言う。庶民階級出身で学歴が低い女性労働者の中には、不法就労が得策だと判断する者もいる。短期的に見れば、生活保護が支給されるし、社会負担金も免除されるし、最大限の収入が得られる。ジョイスは月末に現金で支払いを受けると安心した気持ちになり、それを母国に送り、わずかな額を小箱に入れて保管しておいた。

移民や庶民階級出身の使用人の多くは、自分は労働市場では決して有利ではなく、贅沢を言ってはいられないという事実を受け入れている。権利を無視され、家庭内暴力を受け、母国の政治紛争に巻き込まれた経験を持つ彼らは、劣悪な労働条件に耐え、要求をほどほどに抑えるようになった。客観的に見て過酷な労働を課されようと、彼らは父権主義の爪から逃れ、一種の自立を獲得している。ジョイスは幼少期を通して父と兄弟たちから強姦され、一四歳で妊娠し、双子の女の子を生んだ。彼女は父親に殺される前に南アフリカから逃げた。女中としてあちこちを転々とし、売春し、ついにジンバブエに渡った。ジンバブエでは白人の富豪と結婚したが、ひどい扱いを受けたあげく、彼のフランス人の友人の家に働きに出され、その後フランスの雇用主のもとに送られた。てっきり「娼婦をさせられる」のかと思っていたが、想像だにしなかった、売春に劣らぬ浅ましい現実を目にする。「彼らは単に奴隷がほしかったのよ」。彼女はもう性的暴力を受けることはないと知って、心底ほっとした。こうした過去を背負っていれば、なぜジョイスがこの家で働けてよかったと言うのかが理解できる。彼女のような経験を経た後では、これ以上何を望めよう。

ジョイスのケースは極端ではあるが、使用人職がもたらす解放のアンビヴァレンスを如実に示している。かなりの確率で、使用人は過去に私生活でも職場でも管理され、時には支配された経験があり、そうした自由の深刻な侵害をもとに労働条件を判断する。激烈で、場合によっては不法で、条件の悪い労働でも、自分にとっては得だと述べる使用人は、共同体――庶民階級、女性、移民、人種化《レイシャライゼーション》された人々――の惨状を象徴している。この惨状により、富豪はますます権利を歪曲し、最低限のものだけを与える。使用人の経験や彼らが期待しうることを勘案すれば、そうした仕事でも「何もないよりかはマシ」に決まっている。私はある雇用主に、使用人が物置に寝ていると聞いて驚いたと言ったが、逆に「橋の下で寝る方がいいと思いますか」と聞き返された。そうした視点に立てば、この使用人は住所不定だったときよりも恵まれているだろう。だがその見方には明白な根拠もなければ、人間らしさも欠けている。

恐怖が支配するとき

「ではなぜ辞めないのか」と多くの人が疑問に思うだろう。それほど労働条件が悪く、権利を踏みにじられているのに、なぜ富豪のもとで働き続けるのだろう。ある友人は私に、「金持ちの召使として働くほどの愚か者がいまだにいるのかい」と言った。彼は庶民階級出身のエンジニアだ。あなたと同じくらいの学歴で執事をしている人がいると私が答えると、彼は呆気に取られていた。

使用人は愚かでもなければ、服従しているわけでも、マゾヒストでもない。だが私が会った使用人たちは、数々の罠があると知ってはいても、現在も未来も富豪のもとで働き続け、いかに特殊な状況でも受け入れ、抗議することもない。純粋な心理学だけでは、こうしたことは説明しきれない。苦悩や、一部の使用人が証言するようにマインドコントロールは確かにあるが、彼らを使用人職につなぎとめておく社会的メカニズムを理解するにはそれだけでは足りない。使用人の同意形成には主に二つの要素が働いている。

一つは、本書でも何度か言及した使用人職のイリュジオである。多くの使用人は、社会の頂点にいる人物に仕えることを誇りにしている。前述の通り、使用人が雇用主の社会的・経済的成功に寄与している場合はなおさらである。多くの場合、使用人として働くことは社会的栄達につながり、自分は有用であり成功しているとの満足感をもたらす。ある人の自宅で、その私生活に入り込み、毎日仕えることは、相互作用と情動を生み出す。そこでは相反する感情が渦巻きながらも、雇用主との仲間意識、相互理解、共感が醸成される。つまり使用人が雇用主に愛着を抱くのには、それなりの理由があるのだ。この愛着は単なるプロ意識を超えた忠誠を形成する。さらに使用人の同意は、象徴的・物質的報酬を糧にして成立する。ほめ言葉、給与、ボーナス、プレゼント、住居、食事、その他様々な規模の現物支給が、仕事の苦痛度、支配権の乱用、さらには暴力までをも上塗りする。程度差はあれ、富豪の意識的な表現と行動を通して、イリュジオは富豪と使用人の相互信頼と密約を成立させるのである。

幻滅を味わった使用人を仕事につなぎとめる二つ目の要素は恐怖である。六〇歳過ぎのポルトガル人ルシアは、パリ北郊の高級住宅地に住む貴族の家で働いていた。

「夫のパブロから、『一〇ユーロ（時給）要求すべきだ』と言われたの。最初は気が進まなかったわ。あの家族は好きだったたし、悪く思われたくなかったから。それでも頼んでみたけれど、あの時のことは忘れないわ。私はキッチンにいて、リンゴのタルトを作り終えたところだった。そこにマダムが入ってきたので、『マダム、お話があります』と言ったら、『ルシア、何かしら』と聞かれたわ。そこで『ここで働いてずいぶんになりますし、一〇ユーロにしてもらえないでしょうか』と頼んだの。ああ、何てこと！　私は言ってはならないことを口にしたのよ。彼女はタルトを見て、『ルシア、あなたのおいしいタルトを食べながら、そんなふうに考えてみたこともなかったわ。別の人を探したほうがいいかしら』と言うから、『いいえ、マダム。申し訳ございません。私は辞めたくはありません』と答えたの。運試しはそれが最後だったわ！」

ルシアは三年前からその家で働いていたが、昇給は一度もなかった。だが使用人として勤める多くの友人たちは、時給一〇～一二ユーロ稼いでいる。それでも、九ユーロ以上に上げてほしいと思い切って頼むまでには数か月かかった。断られるのが怖かったからだ。信頼を失い、解雇され、地域で悪い評判を立てられて次の職が見つからなくなるのが怖かったからだ。「場所を変えなければならなくなるわ。でもどこに？」ルシアは住み込みではなく、毎日バスで出勤している。自宅は隣町で、夫と一緒に住んでおり、子ども、孫、伯父や伯母、兄弟姉妹、従兄弟もこの辺りに住んでいるので、引っ越しはしたくない。労働条件に文句をつけたら、解雇させられるかもしれない。夫の稼ぎは少ないし、家賃の支払いもあるし、子どもたちにも金銭的援助をしたいから、失業など論外だ。

もっとも貧しく、もっとも低賃金の使用人たちの沈黙の理由は、彼らが置かれている不安定な状況にある。ルシアが解雇されなかった理由の一つは、交渉を断念したからだ。実際、彼女の前任者は拘束時間の短縮と昇給を要求したため、解雇された。最後の給料も払われないまま、即刻お払い箱になったのだ。

より学歴も給与も高く、多くの現物報酬を受けている使用人でさえ失職への恐怖はあるが、それは経済的理由からだけではない。彼らには別の職種に就く選択肢もあり、たとえば執事や女中頭の中には、ホテル、ラグジュアリー産業、マネージメント業界に転職した者もいる。だが富豪から解雇されたら、住まいや様々な現物特典や「家族」をも失いかねない。家族の一員というのは言葉の綾に過ぎず、とりわけ搾取が激しく父権主義的な雇用主がこの言葉を持ち出す傾向はあるにせよ、使用人は追放と孤独を恐れて忠実を貫く。フロランもギュスターヴも同じだ。「もしクビになったらどこに行けばいいんだろう。独りぼっちになるなんて身の毛もよだつ!」ギュスターヴは雇用主の家から決して出ない。就職するずっと前に家族とは縁を切ったし、友達も一人もいない。「つまり彼らが唯一の家族ということさ」と彼は苦し気に口にした。休暇中に一人になるのを恐れ、「僕は四六時中働いている方がいいんだ。じゃないと、気が塞いで孤独だからね」と語る。一部の使用人の過度な勤勉さの裏には、孤独そして家族や友人との軋轢という現実が隠れている。

使用人たちは従属に甘んじて、権利の放棄を受け入れているのだろうか。現実はもっと複雑だ。ジョイスが女中の職を転々としたのは、何度も逃げなければならなかったからだ。ルシアは女主人のクローゼットの整理の仕方に不満を述べて解雇されたことがあるし、ギュスターヴは過去に「とても居心地の悪い」家での仕事を辞めたことがある。フロランは富豪の使用人職とは決別した。実際、使用人業界では離職率が高い。これは部分的には、使用人に権力空間を作り上げ、声を上げ、時には逃げる力があることを示しており、富豪はそうした使用人に不快感を抱くことになる。

第六章　とどまるか、去るか

ベビーシッター兼料理補佐を務めていた間、私は何度も雇用主マーガレットに退職を申し出ようとして先延ばしにしていた。雇われたら最後、離職の意思を伝えるのがこれほど難しいとは想像していなかった。彼女は私が家族、特に四人の子どもにとって必要不可欠な存在であると力説し、私は突如、彼女に対する自分の責任に足をとられた感覚に襲われた。私は調査が終わったら離職するつもりであることを伝えておらず、春には末の子の学校でバザーが開かれ、上の子が中学校三年生に進級すると話す彼女は、その時には私がいなくなっているなどとは思ってもいないようだ。彼女の家に勤めるには、期間のことに触れてはならなかった。一度目の面接で彼女は前任者について触れ、「約束を破られてしまったの。今度はずっと働いてくれる人を探していたのに」と語った。私が辞めたら彼女はどうするだろう。私も子どもたちが可愛かった。特に幼いイポリットは一時間以上もアリの話を私にし、学校から帰るときには夢見るような様子でゆっくりと歩き、料理をする私を熱心に観察していた。同僚の家政婦マノンと運転手のパトリックにも会えなくなってしまうのは寂しい。彼らにも離職の話を切り出せなかった。私は仲間を裏切っているのだろうか。数週間後、気が重いままマーガレットに、勉強があるのでここでの仕事を続けられないと伝えた。

わずか数か月間パートタイムで働いただけの私でさえ、離職を伝えるのにこれほど気詰まりだったのだから、何年もフルタイムで働いた使用人はどんな気持ちだろう。離職は使用人職のイリュジオを凝縮させ、激しい感情を引き起こす。必要不可欠だという感覚、女主人に忠実に仕えるという暗黙の約束、雇われ、住まいと食事を提供され、計り知れない経済的あるいは感情的価値を帯びた様々なプレゼントを与えられたことへの感謝の念は、往々にして使用人に罪悪感を植え付ける。さらに雇用主一家への親近感や、女主人がどんな反応をするか、仕返しをされるのではないか、次の仕事が見つからないのではないか、突然孤独になるのではないかといった恐怖感もある。それでも使用人は去り、愛着や恐怖を克服する。なぜ、どのようにして彼らは離職するのか。その後何をするのか。私が会った使用人のほとんどが置かれている「安定した不安定」はきわめて逆説的に見える。だがマリアナは簡潔に「よりよく働き続けるために去る」と説明した。転職したからと言って、イリュジオが限界に達したわけではなく、それどころか離職がその力を裏付けてさえいる。使用人はゲームをあきらめたのではなく、新しい職を探しながらゲームを続けるのだ。

水が壺からあふれるとき

使用人が雇われると、女性雇用主との間に口頭あるいは書面で信頼契約が結ばれる。雇用主は口コミで採用し、身体や所作に注意を向け、仕事、身なり、振る舞いを管理し、忠実な働きにプレゼントで報いる。これらはすべて、関係を確保し、可能な限り継続させることを目的としている。富豪の間で「優れた」女主人かどうかを計る物差しの一つが、使用人の勤続年数の長さだ。女主人は何年も同じ使用人が勤めることを誇りにするが、それも当然で、「掘り出し物」を見つけるのにいくら骨を折っても、えてして関係は長続きしない。多くの貴族が、使用人は「以前とは違う」、「本物の」つまり一生を女主人にささげるような使用人はもういないと嘆く理由もここにある。こうした不満は今に始まったことではなく、すでに二〇世紀初頭のヨーロッパでも貴族や大ブルジョワは、勤勉さや「熱心さ」に欠ける使用人、離職して工場や店で働く元使用人への不満を述べている(1)。だが当時でさえ、使用人の経歴は均一でも直線的でもなかった。確かに一つの家族に一生をささげた者もいたが、職歴の一部、あるいは結婚に至るまでの一過程に過ぎない場合も少なくなかった。現代も昔も、使用人が一生勤めるという確約などないことを、女主人は知っている。だが長く献身的に勤め続ける使用人という理想像は時代を経ても変わることなく、使用人の離職はほぼつねに裏切り、青天の霹靂として受け取られ、女性雇用主は大変な苦境に立たされる。彼女たちは、いつか使用人が辞めること、「信頼の置ける」人を探さねばならないこと、さらに使用人が自分たちの秘密をどう扱うか心配せねばならぬ可能性があることを考えない。いや、むしろ考えようとしない。ベレニスはそうした女性の一人で、「自分の」使用人の一人が離職したときには「ショック」を受けたと語る。

「ショックでした。本当にショックでした。彼女が仕事を辞めると言ったときはわけがわからず、気絶するかと思いました！」

「それほど？」

「予想していなかったのですもの。すべて順調で、私たちはうまく行っていました。少なくとも私はそう思っていたけれど、どうやら間違いだったようですね。彼女はあっという間に去りました。お母さまが重病で、世話をしなければならないと言っていたけれど（顔をしかめる）」

「その言葉を信じているわけではないようですね」

「ええ。ほかに理由があるのでしょう。私には絶対わからない理由が」

「ほかの理由」とは、「壺から水をあふれさせた一滴」だった。こう説明するのはベレニスの使用人だったヴァンダだ。ベレニスは六〇歳前のフランス人女性で、製薬会社で調剤助手をしており、元夫の一人の莫大な遺産を相続した。私がヴァンダに会ったのは、ベレニスとのインタビューから数か月後のことだ。雇用主を振り切って離職した使用人の住所を快く教えてくれたのはベレニスが初めてだった。離職を語る彼女は不機嫌そうな様子だったので、私は自分からヴァンダの連絡先を聞こうとは思わなかった。ヴェルサイユの大邸宅でのインタビューが終わると玄関まで送ってくれたが、その時ようやく、彼女が実は私にヴァンダの離職の理由を聞きだしてほしがっていることに気づいた。彼女は「もしヴァンダに会ったら、どうしているか教えていただければ嬉しいですわ」と言いながら、しっかりと目を合わせて私の手を強く握った。長い時間をかけて私のインタビューに応じ、ヴァンダの連絡先を教えてくれたことは、一種の返礼への期待であり、私は気が重くなった。それまで特に力になってくれた人にチョコレートや花を贈ったことはあったが、富豪本人に直接お返しをすることなど決してなかったからなおさらだ。

二か月後、私は迷いに迷ったあげく、ヴァンダに連絡を取った。彼女は芸術家の両親を持つチェコ移民で、年齢は三〇歳近かった。電話で離職の理由を知りたいと告げ、雇用主には一切口外しないと約束したが、彼女は頑なに拒んだ。しかし話しているうちに、以前インタビューしたことのある小間使いニノンが彼女の従姉妹に当たることがわかった。この幸運な偶然は、富豪に仕えるには紹介が大きくものを言うことを物語っている。結局ヴァンダはニノン（現在はブルターニュ地方に住んでいるが、時々パリに戻ってくる）に連絡して私の素性を確認した上で、インタビューを承諾した。彼女が外で自分の話をするのを躊躇したので、私は自宅に招いた。場所も私たちの出会いも異例だったが、話を聞くことができた。

「（ベレニスから）一日一二時間以上、場合によっては一五時間働いてほしいと言われたの。もうへとへとだったわ！」とヴァンダは語った。私はインタビュアーとしては初めて、話し相手にお茶を出した。彼女はお茶を淹れる私を見つめながら、同じ調子で話し続けた。「あなたも、ほら、カップになみなみとお茶を注ぐでしょう。私もそうしたのよ。そしたら怒られたわ。カップの半分で止めないと大惨事よ」。確かにベレニスは、私にもヴァンダのお茶の淹れ方について話したが、そんなことで唐突に離職するはずはないと断言していた。「私は疲れきっていたの。血液検査をしたら、重度の貧血で……。いっぱいいっぱいで、食欲もなかった。検査の数日後、彼女から日曜日に働いてほしいと言われたわ。日

曜日は休日よ。その一滴で、壺から水があふれてしまったの！」（二〇一八年二月のフィールドノートの記録）

使用人に病気になる権利はない。病気が隠しきれなくなったら、女主人はいかなる障害もものともせず、使用人がなるべく早く回復するよう手を尽くす。最高の専門医に高い診療費を払って診察を受けさせ、一刻も早く治って退院できるよう、あの手この手を使って病院にねじ込む。だが使用人たちはえてして病気を隠そうとする。健康、力、耐久力が重視される労働市場で、弱さを見せることには大きなリスクが付きまとうからだ(2)。使用人は限界まで耐える。ヴァンダはベレニスのもとで二年間働き、そして離職を決意した。インタビューでは多くの使用人が、彼女のように限界まで働いたことがあると語っている。ヴァンダは自分は疲れ果てていたし、労働条件は不当だったと言う。「私はもっとちゃんと扱ってもらうくらいの働きはしていたと思う」。体調不良を切り出せなかったことを後悔しているが、女主人を相手に交渉などとてもできなかった。「私は怯えていたのね。彼女はそんなに怖い人ではなかったのだけれど」

不公平感を募らせる使用人たちは世界各地で集団行動を起こし、労働組合がこれを支持している。日常場面でささやかな抵抗を示すこともある。あえて休憩をとったり、働き方を見直したり、女主人の解さない言語で声高に批判したり、微笑みで近寄りがたさを表現したり、罵ったり、わざとのろのろ仕事をしたり、ものを隠したり盗んだりすることもある。(3) 富豪側は集団行動を起こすことも、組合を組織することもないが、使用人側は女主人とトラブルになっても仲間内で助け合ったり、協力して別の仕事を見つけたり、女主人や女中頭や執事に気づかれる前に家を出たりすることさえある。それでも共同意識は何よりも、忠誠と絶え間ない過剰労働の上に構築される。

とはいえ、労働者やその他のきわめて抑圧された職業集団と同様、使用人も親密な支配に抵抗する。(4) ただ彼らの行動は個人レベルであり、声を上げる者も少なく、職務、特性、経歴の面で非常に均一な世界に生きている。だからこそ執事は月収の倍相当のボーナスのために忠実に働き、料理人は料理長にかけあって休みを増やしてもらうために新しいメニューを考案し、清掃係は女主人の目にとまることを期待しながら二日に一回テーブルの花を替え、運転手はいつかハイクラスなスポーツイベントに招待してもらおうと、高級車の情報を仕入れて雇用主との関係作りに励む。

誰もがそれぞれに戦い、抵抗し、交渉するだけの理由がある。インタビューではよく「仕事を回す」という言い回しが出るが、これこそが彼らに共通する唯一の関心事である。ヴァンダはベレニスの家で働いていたときの同僚が、労働時間短縮に協力的でなかったことをとても残念に思っている。「彼女は衣類や布類の担当で、私はその他の仕事を引き受けていたの。彼女も仕事が山積みで、臆病な性格だったわ。二人とも苦労していたけれど、その理由は違っていた。私は仕事が多すぎたこと、彼女は一日中洗剤や蒸気を吸っていたことよ。彼女はひどく咳込んでいたけれど、何も言わなかったわ」。ヴァンダはそれまで仕事を失うことを恐れて苦痛を訴えられず、沈黙を守っていたが、とうとう離職を決意した。日曜出勤命令という「一滴の水」のために、深く考えずに極端な決断を下した。「それでどうなるかなんてわからなかったわ！」

よりよさを求めて

現在、ヴァンダは富豪の家では働いていない。失業手当を受け、幾人かの個人宅で無申告で掃除をしている。夫は建設業界で働いており、稼ぎもいい。富豪の世界と決別できたのも彼のおかげだ、と彼女は言う。「無気力」「疲労」「倦怠」に言及し、一〇年間フルタイムでマルチタスクをこなしていた頃の「仕事への情熱」を失ったと語った。私が会った人の中で、彼女やフロランのように使用人職と決別した人はごくわずかだ。すべての使用人が一生その職業にとどまるわけではないが、かなり長い間使用人として働くことは事実だ。調査を通して、使用人職における「安定した不安定」を理解する手がかりが見えてきた。この現象は、リディア・リシェールの証言にも表れている。彼女は元女中頭で、引退後に出版した自伝『富豪の家にようこそ』(5)の中で、数軒の家で働いたときの様々な経験や転職について語った。彼女は、自分にとって転職は「富豪の地獄」を「耐える」ための手段だと言う。私が会った使用人たちにとっても、勤め先を変える「内部離職」は富豪の世界で働き続けるための絶対的条件である。

同等の職に就くための離職には、二つのロジックが働いている。肉体的・心理的衰弱に耐えて生き延びること、そして絶えずよりよい報酬の仕事を探して「競り」を通じて上を目指すことだ。二つ目のロジックはきわめて強く働く場合があり、採用されてもすぐにほかで募集がないか情報収集する使用人もいる。彼らはこれを「プラン」と呼ぶ。四六歳のモロッコ移民、ナディーヌのケースを見てみよう。彼女は六年前から同じ雇用主の家で働いているが(第五章参照)、これは彼女にとって前代未聞のことだ。それまでは二、三年ごとに転職し、転職先でもすぐに離職を想定していた。「次の仕事に向けて、周りから情報を集めるのよ。私は計画的で、ストレスを感じやすいたちなの。だからいつも自分がどこへ向かうのかを知っておきたいのよ。ありとあらゆる情報を集めていたわ」と彼女は説明する。友人や昔の同僚も富豪の家で働いており、手を貸してくれた。「空きが出たら、それが近くだろうとフランスの果てだろうと、教えてもらっていたわ」。ナディーヌは、整然としてストレスの少ない職場といった独自の希望を根拠に「プラン」を正当化するが、こうした先手行動は使用人の間ではごく普通のことだ。それでも「プラン」実行は微妙な作業で、同僚や雇用主に気づかれないように情報を集めねばならない。「もちろん、私が長くとどまるだろう、仕事に満足だろう、ほかを当たることはないだろうと周りに思わせておかなくてはならないわ。同時に、私は周りの状況を知りたかったの」。ナディーヌにとっての周りとは、勤務先の建物、地区、通り、村、町を指す。建物の管理人や近所の商店主は貴重な情報源だ。ナディーヌは彼らと自分たち使用人とを比べて、「彼らも私たちみたいに、何でも知っているのよ」と言う。勤務先の隣の建物の女性管理人とはずいぶん親しくなり、地域の「ありとあらゆること」を教えてもらっていた。「あの建物で誰と誰がこっそり寝ているとか、何でも知っていたわ。自分の建物でもないのにね！」同じ通り沿いの家で、料理人、家政婦、マルチタスク、ナニーの募集があれば、彼女からナディーヌに連絡が来て、その家族についてかなり詳しく教えてくれた。「私はいつも、空き口と前任者が書かれた小さなリストを持ち歩いていたわ。どこに行くか検討するためにね」。今の家で働き始めて六年が経つが、現在は転職を検討中で、具体的な案もある。「本当にもう以前のようには働けなくなってきたし、奥様の顔を見るのも限界よ。ボルドーでいい働き口があるのよ。向こうで働いている従姉妹が知らせてきたの。単なるマルチタスクなのだけど、それで充分。女中頭の職に挑戦してみたいと思っていたけれど、今はくたくた。もしかしたら、いつか挑戦するかもしれないけれどね」

「よりよさ」を求めて離職しても、かならずしもより格上で、高給で、高報酬の仕事に就くとは限らない。疲労困憊した使用人は、負担が少なく、自分をいたわれるような職場を求めて離職する。希望通りの近未来を思い描けないとき、急に仕事を辞めることになったとき、いきなりクビになったとき、（ナディーヌの言葉を借りれば）もう我慢できなくなって「何も考えずにさっさと出て行く」ことになったとき、彼らは一時も無駄にせず、次の仕事を探す。次の仕事先も富豪の家だ。コロンビア出身のマリアナは、使用人が富豪の世界を去らない理由について何時間にもわたり私と話し合ったが、「引き留める何かがあるのよ。もう限界だけれど、残りたいって思わせる何かがかがね」と分析した（第四章参照）。

自分の居場所

使用人職のイリュジオ、物質的魅力、職業的箔付け、全面的献身を促すために女性雇用主たちが繰り広げる作戦だけでは、過酷な環境にもかかわらず、使用人がよりよい条件で富豪に仕え続けるために定期的に転職する理由を説明できない。ほとんどの使用人は程度差はあれ、漠然と富豪の家が自分の居場所だと感じている。彼らは自分が「その一員」だとか、雇用主と同等だとは考えないが、多くの職業経験を経るうちに、富豪の生き方や行動との一体感を感じるようになる。こうした印象を、使用人との関係でよく聞かれる「私たちは家族だ」という言葉の結果として受け取るべきではない。ある社会階層から別の社会階層へと移り、自分の世界とは正反対の貴族や大ブルジョワの世界を経験する「転向者」とも言うべき使用人たちは、富豪の内輪のルールを身につけ、ほとんどがそれまで知らなかった世界の中で、いつしか居心地のよさを感じるようになる。

転向者のアイデンティティを形成する過程は、それ自体に意義がある。彼らはまず衝撃を受けるが学習を重ね、自分の居場所があるなどとは思いもしなかった社会環境でうまく立ち回る能力を身につける。彼らの歩みの特徴が「揺り木馬」現象(6)〔対照的な社会環境の間を行き来し、適応すること〕で、富豪のもとで余裕を感じられるようになるだけでなく、それまで生きてきた複数の社会化された世界と折り合いをつけるすべを身につける。そして多様な帰属を利用して自分の存在を際立たせ、それぞれの世界と距離を置く。一部の使用人は、自分には女主人よりもずっと内省の能力があると信じ、その視野の狭さの原因は内輪の彼女が住む世界の閉鎖性にあると見なす。そう考えることで自分の価値を確認できるし、支配を逆転させることもできる。女主人は金も力も正統文化も持っているが、他者の人生については何も知らない。一方、使用人は「本物の人生」を知っている。

階層転向者として居場所を確保できるのは、執事や女中頭だけに許された贅沢ではない。マルチタスクの使用人キャシーは約一〇年間、転職を繰り返して計六家族のもとで働いた。彼女は自分を、黒人庶民階級出身者が白人富裕層に仕えてもかならずしも「大きなトラウマ」になるわけではないことの象徴だと考えている。彼女は電気工の夫と結婚して二人の子どもがいる四〇代の女性で、一〇代の頃から、比較的裕福な複数の家庭でパートタイムの家政婦として働き、その後南アフリカのケープタウン近くに住む政府関係者の親戚の家でフルタイムで働いた。私はジョイスの時と同様に、キャシーともケープタウンで出会った。ジョイスや友人たちに誘われてスラムを訪問したときに知り合ったのだが、その落ち着きはらった物腰と、労働組合へのむき出しの敵意はたちまち私の目を引いた。彼女曰く、労働組合は「貧しい人たちを助けていると思い込んでいるが、実際は事態をもっとひどくしている」。ある午後、私たちはスラムの古株の女性が用意してくれた食卓を囲みながら、貧しい労働者、特に使用人の権利について話し合い、その夜、私はキャシーの意見を記録した。

名前は憶えていないが、彼女の友人の一人が、二日前にスラムに組合活動家の男性が来て、自分たちの組合に加入するよう呼びかけたと話した(私の理解が正しければ、この男性もキャシーの友人も工事現場で働いていた)。するとキャシーは突然腹を立て、組合など何の役にも立たない、組合活動家は「雇用主の権力を覆す」(彼女は英語で"overthrow the bosses' power"と言った)ことしか頭にないいかさまだと口にした。彼女によれば、元使用人だった女性の組合活動家と話したことがあるが、雇用主に対してあまりに辛辣で、ひどく過激に思えたという。キャシーは彼女に、あなたがスラムを出てアパートを借りることができたのは雇用主のおかげだし、極貧から抜け出すために何年間も助けてくれた人に反旗を翻すのはあまりに短絡的だと言ったそうだ(二〇一七年二月のフィールドノートの記録)。

その後、私はキャシーと長時間話し合い、その政治的意見に耳を傾けた。自分の暮らすスラムと、そこから徒歩二〇分ほど離れた、ゲートに囲まれた超閉鎖的なコミュニティに暮らす富豪の屋敷の間を毎日行き来するのはどんな気持ちかも知りたかった。キャシーは富豪の家に通ううちに、自分の意見にも変化が生じたと説明した。

「お金持ちは人でなしだと思っていたけれど、もっと複雑だとわかったわ。スラムで暮らす私たち貧しい黒人を恐れる気持ちもわかるし、当然だと思う。私たちの中には、貧困から抜け出すための努力をまったくしない人もいるの。麻薬売買、盗み、売春などで簡単にお金が手に入るから。でも私はボスと同意見よ。仕事はあるのだから、やる気さえあればいいの。誰が仕事をくれるかって？　お金持ちよ。彼らが、自分たちがいなければ仕事はない、そうなれば貧しい人がもっと増えると言うのも一理あるわ」

キャシーが貧困から抜け出そうと努力しない「たちの悪い貧乏人」に向けるまなざしは、雇用主のまなざし、もっと言えば自分たちは社会のエッセンシャルワークを創出していると主張する（そしてそう信じようとする）富豪のまなざしと重なる。このまなざしは本質的に、異なる社会的世界の間を自在に行き来する能力と結びついている。「従兄弟に言われたわ。『お前はブルジョワだ。白人ブルジョワのように話し、行動している』って」とキャシーは語り、そのことを誇りにしていると付け加えた。彼女はどこにいても余裕を感じられると言う。「私は自分が彼ら（雇用主）の世界の住人だとも、ほかの人たち（スラムの住民）の側の人間だとも思っていないわ。私の居場所はその両方の間なのよ」。彼女は近所の人や家族からブルジョワ的なエートスを指摘されても笑い飛ばして、彼らとも友好的な関係を保っている。確かに、食卓についているスラムのほかの住人たちとキャシーはひどく対照的だ。彼女はスーツを着て、エナメルのバレエシューズを履き、雇用主からプレゼントされた本物の真珠のネックレスをつけ、明瞭なよどみない英語を話すのに、周りの人たちは貧しい身なりで、英語も正確ではない。キャシーは軽蔑や拒絶ではなく、むしろ賞賛の的なのだろう。彼女は今までスラムから抜け出す手段を持たなかったし、今後も出るつもりはない。本人もそのことを隠し立てせず、「私にお金があれば、スラムに全額投資して、すべてを新しくするわ！」と言う。多くの人が彼女をほめ、政治的立場を超えた寛大さに感心する。彼女は、アルコールや薬物のせいで痩せ細り、通りに寝そべる一〇代のグループの方に頭を傾けて、「彼らに全部の責任があるわけではないし、見ているると心が痛むわ。だから夕方仕事から帰ってくるときに、ビスケットを渡すの」と言った。

彼女は仕事中、彼らのためにかならず何か一品作って持ち帰る。隠れて作っているのかと私が聞くと、彼女は驚いて答えた。「まさか！　そんなことはできないし、したくもないわ。マダムはいつも私を見張っているの。働き始めて数週間後、職場に慣れてきたところで許可をお願いしたら、とてもいい案だと言ってくれたわ」。キャシーの女主人は同じ立場の多くの男女の例にもれず、慈善事業に時間とお金をつぎ込んでおり、「スラムの黒人の子たち」のために料理をしたいと申し出るキャシーを後押しした。キャシーも雇用主を説得して、毎年クリスマスにスラムで大々的な食事会を開催するために少額を寄付させている。キャシーは「白人の人間性」を信じているし、「アパルトヘイトを本当になくそうと思ったら、私たちは彼らと和解すべきだ」と考えている。

彼女は和解を目指すからこそ労働組合に反対で、そんなものは白人の利益のためにしかならないと考えている。社会学者シリーン・アリーは二〇〇〇年代の南アフリカの使用人たちに関する調査(7)で、労働組合との対立を取り上げ、労働にある程度の幅をもたらす柔軟な雇用関係が硬直化することへの使用人の危惧を指摘した。キャシーは親密さ、家、家族がもたらす力の空間を手に入れた。雇用主の信頼を得、彼らに対して余裕と率直さを示し、毎晩自宅に帰る権利（雇用主は住み込みを希望していた）、スラムの子どもたちのために料理をする権利、彼らのためにお金を得る権利、ハイヒールを履く権利、ズールー民族の音楽をかけながら床掃除をする権利を獲得した。仕事が「合法」すなわち正規雇用で、雇用契約が作成されて書面でルールが定められていたら、交渉の足かせとなり、こうした権利など望むべくもなかっただろう、と彼女は語る。

キャシーは仲介者および渡し守の役割を確立することで、自分が生まれ育った世界と仕事の世界の両方と折り合いをつけることに成功した。彼女の政治的立場もそれを物語っており、知り合いの白人エリートの能力主義的言説を取り込んで、貧しい黒人系南アフリカ人を公然と批判すると同時に、いまだに人種隔離政策から抜け出せない社会における彼らの社会経済的劣勢を糾弾する。雇用主やその友人たちと議論することにもやぶさかではない。「白人を相手に、黒人・白人関係について話すのは面白いわ。たいていは婉曲にだけれど。彼らにものを教えている気分になるの」。自分は人にものを「教える」ことが多いから、本当は先生になりたかったのだと彼女は言う。こうした姿勢は、高学歴の女性雇用主に対して自分の低学歴を埋め合わせる手段でもある。

典型的庶民階級出身の使用人の多くは、執事や女中頭ほどの収入はないが、使用人職を社会的栄達ととらえ、いかに長い時間がかかろうと、仕事を通してバランスをとろうとする。だがひとたびこのバランスが脅かされるや、彼らは転職する。ある使用人がいみじくも語ったように、「いい条件のもとで仕事を始めるため」だ。

市場のカギ

離職して別の仕事を探すときのリスクやチャンスのほどは使用人によってまちまちで、いい仕事を早く見つけられるかどうかは、彼らの持つリソース、特に人脈《ネットワーク》にかかっている。使用人業界で離職率が高いのは、働き口が多いからでもある。特に富豪が集まる大都市にこの傾向が顕著で、アメリカの大都市や島々を行き来する執事マリウスは、各地域のエリート社会(8)は使用人にとっての宝の山だと言う。「幸いなことに、彼らはいつも同じ場所にいて、僕たち(使用人)もそうだから、皆同じ場所に集まることになるんだよ。情報がすぐに拡散して、回転が速いんだ」。私も調査過程で恩恵を受けたこの「雪だるま」現象は非常に有効で、富豪の世界の扉が開きさえすれば、彼らの居場所が見つかり、地理的に離れていようと、ネットワーク内を容易に行き来できる。定期的に募集がかかり、時には使用人の働きかけで採用が決まることもある。至急仕事を見つけねばならない使用人の近親者のために、雇用主が働き口を創出したという話は、私も何度か耳にした。こうした過程は奉仕されることの社会的有用性をさらに正当化し、富豪の慢心をくすぐる。

だが、需要は供給を満たせるほど高くはない。社会経済的不平等が深刻化し、高度専門職も含めた失業率が上昇し、貧困が悪化するにつれ、富豪の使用人職は魅力を増す。いかに雇用市場に活気があると言っても、求職者数は富豪のもとでの働き口の数をつねに上回っている。つまり、使用人が現在仕える富豪の家を去ることと、富豪が使用人を手放すことは同等ではない。富豪はかならず別の使用人を見つけられることを知っているが、その逆は不確実だ。求人と求職がアンバランスな上に、主導権は富豪の手に握られている。彼らは自由に雇用を創出したり、人員を減らしたり、使用人が離職を考えもしないうちから解雇したりできるからである。したがって、離職率の高さの原因は使用人側の事情だけにあるのではない。富豪は思いのままに彼らを解雇し、きわめて狭き門である使用人市場のカギを握っている。

アベッラも多くの女性雇用主同様、自分の力を意識している。ブラジル人の彼女は三〇代後半。営業管理職で、超裕福なアメリカ人の投資銀行家と結婚しており、一〇年ほど前から三人の使用人を雇い、彼らを連れてリオ・デ・ジャネイロとモスクワに所有する邸宅を行き来している。それとは別に、二軒の家の庭の管理のために庭師も三人雇っている。ブラジルで育ったアベッラ曰く、母国は「女中のたくさんいる」国だ。小規模な商売をしていた両親は、昔からフルタイムで使用人を一人雇っており、幼いアベッラの世話や家事を任せていた。そのためアベッラも「女中には慣れて」おり、「好意に惑わされない」振る舞い方、つまり良心のとがめを感じることなくクビを切るすべも心得ている。

「私の口癖は、『うまくいかないときはどうしたってうまくいかない』よ。誰かを雇っても、気に入らなくなれば、出ていってもらうわ。きついと思われるかもしれないけれど、それが私のやり方なの。じゃないときりがないわ。友達の中には使えない女中や、あとはそうね、たとえば何かを壊した女中に面と向かってものを言いにくいという人もいるわ。でも彼女たちを雇うのは、それが仕事だからでしょう？　だったらきちんと仕事をしない人を、なぜ雇い続けなきゃいけないの？　私は女中を喜ばせようなんて思っていないわ。そんなことをするのは私の仕事じゃないもの。彼女たちは私のために働き、私は彼女たちにお金を払い、住まいを提供する。私たちは友達じゃないの。うまくいかなければ、出ていけばいい。ここは生活保護の場ではないのよ」

アベッラの発言は、使用人との関係によく見られる家族的・慈善的トーンとは一線を画しているが、だからと言ってそれらと矛盾しているわけでも、かけ離れているわけでもない。富豪は絶え間なく、使用人との近さと距離の間で揺れ動いている。使用人のミス、軋轢、富豪が彼らに抱く「嫌気」などがきっかけで関係は冷え込み、使用人たちは自分の立場を思い知らされる。前述のマリウスはこうした振る舞いを「統合失調症気味」と呼ぶが、雇用者と使用人の関係が親密になりすぎて雇用者側がこうした態度に出るのは、今に始まったことではない。社会学者プリシラ・クレイズとオードレー・リシャール＝フェルディは、インドに転勤になった女性が苦心して「壁」を保ち、主に極貧家庭出身の使用人たちとの「感情的距離」を取っていることを明らかにした(9)。こうした強烈な矛盾は、使用人にプレゼントを贈ったり特別な休日を認めたりしておきながら、翌日に突然クビにするような雇用主においてさらに深刻だ。アベッラも何度か同じことをしている。

「ええ、厳しいように見えるかもしれないけど、そういうものよ。二年前にフランス人の若い娘を雇ったのよ。学生だったけど、退学した子でね。お金が必要だって言うから雇ったのだけれど、長くは続かないだろうとは思っていたわ。若いし、いろいろやりたいことがあったみたいだから。(中略)その一年後、あの子はきっともうすぐ辞めるだろう、って思ったの。よく働いて、辞めるなんて口にしなかったけど、私にはわかったわ。ある朝、汚れて濡れたままのタオルがバスルームの床に置きっぱなしになっていて、夜戻ったときにはカビ臭くなっていたから、翌朝、『あなた、たるんできているみたいね。他の人を雇うわ』と言ったの。彼女、涙を浮かべていたわ。わけがわからなかったのでしょうね。その二日前にシャネルをプレゼントしてあげたときには、とても得意げだったのに」

アベッラは、解雇という極端な決定を下した。インタビュー中、彼女はこのエピソードを語る際、使用人が自分から離職するのに我慢がならないともらした。富豪にとって、使用人の離職の気配を察知して、辞表を渡される前に解雇するのは、支配の秩序を建て直す手段の一つだ。アベッラは「選ぶのは彼女ではなく私」と主張する。だが、露骨に力を行使するわけにはいかない。だから彼女は使用人をクビにするのに、「取るに足りないささいなこと」──濡れたタオル──を口実にしたのだ。

使用人を解雇する理由ならいくらでもある。アベッラは「『あなたが辞める前にクビにするわ』とは言えないでしょう」と言うが、彼女自身、掃除が行き届いていないとか、仕事が中途半端だとか、裏切りあるいは盗みなど、自分が主張する解雇の口実を信じているわけではない。「ポリティカル・コレクトネスよね。彼女も濡れたタオルのせいでクビになったわけではないことをわかっていたもの」。誰もがそのことをわかっている。いくら口実を言い立てても、解雇が唐突なことに変わりはないが、それでも雇用主は何とか角が立たないように苦心する。

こうした極端な反応は、女性雇用主たちが使用人に対して抱く不安によって引き起こされる。解雇とは、使用人が女性雇用主と思い切って交渉できないのと同様、女性雇用主が使用人と交渉できないことの結果である。インタビューでアベッラは女中たちへの思いやり、友情、同情を示したが、それというのも、もめ事に我慢できず、使用人との「関係を管理する」のが大嫌いだからだ。同じ階級の女性同様、彼女も権威、距離、共感、仲間意識の入り交じった関係を維持し、心の内を使用人に見せまいとしている。彼女には自分に代わって使用人に指図する執事や女中頭はいないし、夫は使用人にまつわる話を聞きたがらず、すぐに解雇すればいいと言う。「私があの子（使用人）が辞めてしまわないか不安だとか、仕事が中途半端だけれど指摘しづらいとか言うと、夫はクビにしろと言うの」。ほかに案もないので、彼女はこの「完璧に理不尽な」アドバイスに従う。「とても素敵だけれどとてもひどい状態の靴を、数分間磨く代わりに捨ててしまうのと同じよ」と彼女は言う。アベッラがいかにきまり悪さを語ろうと、わずか数日、時には数時間のうちに、無価値なモノのように「捨てられる」使用人の現実は変わらない。

本質的にこうした行為は、使用人の交換可能な特性を示している。雇用主と使用人の相互依存は幻想だ。使用人は雇用市場にあふれているため、富豪はいつでも掘り出し物を見つけることができる。とりわけ女性使用人は男性に比べると、労働力としての希少価値が低いため、その分富豪からの要求も高くなる。能力不足、感情的あるいは身体的抑制のゆるみ、家庭の事情による稼働性の低下など、女性はとかく非難の対象になりがちだ。そもそも、多くの職種の例にもれず、女性使用人の身体は男性よりも急速に老化する。(10) 二〇代では頼りないと言われ、五〇代に近づくにつれ価値を失う。それが彼女たちの現実だ。男性のキャリアでは、年齢はそれほど決定的ではない。富豪は、ダイナミックな若い執事も、経験を積んだ年配の執事も評価する。女性使用人が仕事を続けたいと思ったら、非の打ちどころがないよう、男性の倍の努力を強いられる。先ほどの喩えで言えば、男性たちは捨てられるのではなく、修理される靴なのだ。

鳥カゴから出る？

使用人にとっても雇用主にとっても説得力のない口実で解雇された使用人は衝撃を受けるが、家族や友人との絆がこれをやわらげ、解雇を「相対化」する。過度に仕事熱心だった彼らは、解雇後は富豪の世界を通俗化し、さらには批判さえするようになる。解雇された多くの使用人が、結局あの家に自分の居場所はなかったのだ、富豪は汚い、「彼らのためにやきもきする」なんてばかげていると語る。

女中頭シーラは現在の雇用主への感嘆の念を語ると同時に、富豪を前にしても気後れすることはないと言う。彼女はモロッコ出身の三〇代で、母は家政婦、父は食料品店を営んでいる。私たちはパリ南郊のカフェで話し、散歩しながら午後を過ごした。彼女は転職の理由と経緯を語った。シーラは二度続けて、「大した理由もなしに」解雇された。女主人から、ものを盗んだと責められたのだ。以来、彼女は心から富豪を軽蔑し、彼らの「つまらないこだわり」、使用人への接し方、「自分はつねに格上」だと思っているのを見ると苛立ちを感じる。彼女は「うっかり」、自分が人に仕えることが好きだと富豪に思わせたことを後悔している。

「あの頃、私は愚かだったのよ。何も考えずに、昇進できるとか、もう少し稼ぎがよくなるとか、何よりも自分をよく見せられる、彼らからよく思われると期待して、お人好しにも女中をしていたの。けれども、どんなにつらい思いに耐えようと、無駄だとわかったわ。私は繰り返し自分に言い聞かせていたわ、モロッコの田舎だったら生活はもっと苦しいだろう、今の自分に満足しなきゃ、と。でもそれは間違いよ。モロッコならもっといい職が見つかると思う。少なくとも敬意は払われるわね。私が求めるのは敬意だけよ。私、あれこれ要求するたちではないもの。でも使い古したスポンジみたいに捨てられたわ。彼らにとって、私たちは雑巾でしかないのよ。使い古したら捨てるだけ。それに私はアラブ人だから、私に対する彼らの敬意のほどは想像できるでしょう」

シーラはかつての雇用主がいかに自分に敬意を欠いていたか（その原因を彼女は自分の従属的立場、モロッコ出身であること、若さ、ジェンダーだとしている）を繰り返し指摘することで、彼らに対する深い失望を表現した。使用人の間でも、「西洋の」富豪たちの間でも、アラブ人雇用主は虐待者だという人種差別的ステレオタイプがまかり通っているが、彼女はそれを打ち砕こうと、モロッコでならもっといい仕事にありつけたはずだと繰り返し口にした。そしてフランス人は「偽善的」で、「まるでフランスには暴力も人種差別もないかのように皆が振る舞っている」と嘆いた。散歩中、彼女は何度か茂みや木の前で立ち止まって息をつき、「森があってよかったわ」と口にした。森のおかげで力を回復し、「冷静になる」ことができる。「動物は人間よりも優れていると言う人がいるけれど、少なくとも木は嘘はつかないわ」

そんな彼女がコート・ダジュールの富豪の家の仕事を探していると言うのを聴いたときは、驚いた。私は当惑しながら、もう女中頭の職は自分には合わないと思っているのに、なぜ別の職種を探さないのかとたずねた。彼女もこの矛盾を意識しており、あれほど苦しんで幻滅したにもかかわらず、「富豪の世界」からは抜け出せないのだと答えた。けれども今回は派遣所を通すつもりだ。彼女曰く、派遣所なら「いい家族と悪い家族」を選別して、就職した後は雇用主につけ込まれても守ってくれるだろう。

その二か月後、彼女が憤然として派遣所を去ったと聞いた。待ち合わせの連絡をしてきたショートメッセージには、「ひどい詐欺師!」と書かれていた。彼女の反応は意外ではない。私は調査を通して、国内十数か所の小規模な高級志向の人材派遣所の所長に会ったことがある。二〇〇〇年代初頭、フランス政府の肝いりで個人向けサービス企業の市場が組織化されると、[11]富豪の使用人専門の派遣所がフルタイムやパートタイムの使用人を派遣し始めた。これらの派遣所は使用人業界で誰もが喉から手が出るほど欲しがる信頼を売り物にし、選りすぐりの使用人だけを派遣する一方、使用人には安定した仕事、高給、派遣先の家族からの礼節を約束した。だが現実はやや違っていて、派遣所を頼った多くの使用人たちは、数か月後には幻滅を味わわされた。派遣先の家庭はほかよりも優れているわけではなく、労働条件もぱっとせず、トラブルがあっても派遣所はたいして助けにならなかった。シーラは、派遣所なら「中立」で、自分の味方になって、使用人にまつわるステレオタイプを打破してくれるだろうと思っていたが、期待は外れた。「彼らはすぐに私をアラブ系イスラム教徒のカテゴリーに入れて、イスラムを受け入れる家族を探したの」。彼女は女中頭のキャリアを怪しむ派遣所に怒りを感じ、どうしても納得がいかなかった。「私のような人間には、掃除がせいぜいだと思ったのでしょうね！」

結局、シーラは派遣所経由で富豪宅の女中頭の職に就いたが、三週間後に雇用主に体を触られた。彼は邸内ですれ違うたびに抱きついてきて、「冗談で」キスをしようとした。尻をつかまれたこともある。やられっぱなしの性格ではないシーラは、雇用主本人には何も言わなかったが、すぐに派遣所の所長に電話をした。だが所長はまったく手を差し伸べてくれなかった。「私は数十回もメッセージを残したのに、返事はゼロ。だから辞めたわ」。退職してから数日後、シーラの元雇用主から連絡を受けた所長が泡を喰って電話してきた。「あの人、私を怒鳴りつけたのよ。信じられない」。所長は訴えてやると脅し、最後の月給を返還するよう迫った。最終的に、富豪は派遣所にシーラとの係争をあきらめると伝えてきた。「派遣所はすべてを失ったわ。私も、富豪も」。それでも所長は、超優良顧客になるはずの富豪を失ったのは、シーラの責任だと言い張った。

この種の話は枚挙にいとまがない。派遣所が特に重視するのが富豪の要望だ。富豪の選択基準が派遣所の基準でもあり、富豪同様、使用人の長所をジェンダーや人種に沿って本質化する。一部の派遣所は、法令順守の雇用関係をアピールしながら、法の網の目をくぐり抜ける。私が会った数人の使用人は、契約書にサインをすることも、給与や労働時間を知らされることもないまま働き始めた。これは使用人の世界ではよくあることで、派遣所は自分たちはこうした慣行に立ち向かうと主張しながら、利益をもたらす顧客に有利になるように法を無視し、都合よくねじ曲げる。富豪は使用人の給与のほかに多額の仲介料も負担することになるため、かえって派遣所を避ける。私が会ったニューリッチの中には、まだ使用人に慣れておらず派遣所を利用した人がごく少数いたが、すぐにあきらめて、「ロコミという昔ながらの優れた手段」に頼り、経験豊富な女の先輩たちを手本に少しずつ学んでいった。実際のところ、フルタイムの使用人市場における高級志向派遣所のシェアはわずかで、雇用主や使用人の間で認知度と信頼を得るには至っていない。たいていの富豪の女性たちが自力で何とか対処しているのに、なぜわざわざこうしたサービスに頼る必要があるだろう。

シーラは派遣所の非協力的な態度にも挫けず、コート・ダジュールで夢の仕事を見つけた。月給三二五〇ユーロで、クリスマスには一〇〇〇ユーロのボーナスが出る。六人の使用人を統括する仕事で、月に一度日曜日に休めるが、毎日夜一一時まで仕事がある。私にこのことを電話で知らせてきたとき、彼女は完璧な幸運に舞い上がり、富豪への軽蔑など霧散したかのようだった。「これで節約できるわ。雇用主が何でも払ってくれるから、出費はないもの。数年働いて、そのあとは自分のために生きるわ！」

一年半後、シーラにショートメッセージで近況を訪ねたが、二か月間返事がなかった。そしてある朝、「今パリにいるの。会えない？」とメッセージが来た。私は大学での講義が終日あったので、彼女が南フランスへ戻る前の午後六時半にリヨン駅で待ち合わせをした。シーラは最後に会ったときと比べて、驚くほど痩せていた。顔色がとても悪く、不安そうな表情だった。彼女によれば、「コート・ダジュールの怪物」のところで、ある庭師と親しくなった。庭師は週四回、広大な庭の手入れをしに来ていた。ある午後、二人は口づけを交わした。「誰も見ていないと思ったわ」と彼女は言う。たいていの女性雇用主は、使用人同士の色恋沙汰は仕事に悪影響を及ぼすとしてこれを嫌う。(12) シーラは誰にも見られていないし、疑われることもないだろうと思っていたが、二日後に解雇された。女主人は（シーラは以前、彼女のことを「とても優しくて」「使用人にも気を配ってくれる」と話していた）大サロンの赤いビロードの肘掛椅子に座って、ティーカップを手にシーラを待っていた。そして部屋に入って挨拶をしようとするシーラに向かって、「この家には尻軽女はいりません。出ていきなさい」と宣告した。

以来、シーラは毎晩この時の光景のフラッシュバックに悩まされている。宣告を受ける直前、彼女が仕事を始めるために自室を出ると、二人の使用人が大急ぎで彼女のスーツケースを準備していた。「私は汚らわしいもののように、侮辱され、投げ出されたのよ」。彼女は行く当てもないまま、屋敷の大きな鉄門が閉まるのを見ていた。「まるで映画のようにね」と衝撃も冷めやらぬまま彼女は語る。彼女にとってはこれが終わりだった。富豪をめぐる旅の終わりだ。

幸いなことに、シーラには貯金があった。解雇された夜、高級ホテルに行き、それまで何年もの間なじんでいたものを決して手放すつもりがないかのように、一週間滞在した。「自分がこれほど贅沢に慣れているとは思わなかったわ！」と彼女は言う。一人になった彼女は、フランス各地に住む音信不通だった旧友や従兄弟たち、伯父や伯母に連絡を取った。一週間ごとにあちこちに泊まらせてもらったが、毎回もはや赤の他人同士だと痛感して次へ移った。二か月後、モロッコの母に電話をかけた。「母は私の結婚を望んでいるの。〔そのままでは〕お前は独りぼっちで一生を終えるよと言われたわ」。そしてシーラに家には来てほしくないと告げた。彼女はホテル暮らしを続け――といっても、もはや高級ホテルではないが――、アパート探しを始めた。だが彼女は無職で、失業手当ももらえない。前職では部分的にしか申告されていなかったし、いずれにせよ失業手当を受給できる手続きに沿って解雇されたわけではないからだ。リヨン駅で会ったときには、何か月もの放浪生活に疲れきっているようで、「いつかは多少なりと彼らみたいな生活ができると思っていたのに」と泣きながら語った。

シーラは富豪の世界を去りたいわけではなかった。数か月で貯蓄は底をつき、何とか富豪の使用人として再就職しようとした。富豪や使用人の狭い世界から出た彼女は、とても裕福なアーティスト夫婦宅での仕事を当てにして上京した。女中頭時代の元同僚が紹介してくれたのだ。面接はうまく行き、シーラは採用を強く信じていた。だが私たちの再会の一時間前、希望は崩れ去った。「奥様の方が電話してきて、とても丁寧に、昨日会った人を採用したと告げられたの」。夫人は、就職がうまく行くことを願っていると申し添えた。富豪の世界――痛い思いをせずには入ることも出ることもできないこの金色の鳥カゴ――を守っているのは、富豪自身なのだ。

結論

ある秋の午後。パリ一九区の大きなアパルトマンで、私はコーヒーを飲みながらカメリアと話していた。彼女は幼少期をパリ、モロッコのカサブランカとタンジェ、そしてマルセイユで過ごした。壁にはいろいろな町で撮った写真が飾られている。影の差す広場、太陽に照らされたモニュメント、色あせた建物のファサード、犬と戯れる子どもたち。一枚だけ異彩を放つ写真がある。豪華なジェラバをまとい、銀色がかった大きな真珠のネックレスをつけ、茶色い革靴を履いて、幼い女の子を愛おしそうに抱いた女性の写真だ。突風が吹いているのだろう、三つ編みにした長い髪は乱れ、チュールのワンピースが膨らんで風になびいている。カメリアは私の視線の先をたどって、「この写真、気に入ったかしら?」と聞いた。確かに本当に素敵な写真だ。これはお母様と小さい頃のあなたの写真なのかと聞く私に、彼女は急いで勘違いを正すかのように、「ゴヤーヴと私よ!」と勢い込んで答えた。

カメリアは五〇代の女性。母親アンヌは女中頭で、ほぼ三〇年の間モロッコの富豪に仕えた。雇用主ドゥドゥは大使、妻ゴヤーヴは働いていなかった。カメリアは二歳から二〇歳まで、彼らと一緒に、彼らが所有するいくつもの家で暮らした。様々な文化が入り交じり、出会いと旅に彩られた幼少期は素晴らしい思い出ばかりだ。子どもができなかったゴヤーヴにとって、カメリアは我が子同然だった。今、彼女はコーヒーを飲みながら、長時間にわたってゴヤーヴとドゥドゥについて語っている。昔も今も、自分は母の雇用主の娘だったと思っている。実の母アンヌは働きづめだったため、カメリアを甘やかしたり、プレゼントをくれたり、遊びに連れて行ってくれたりしたのはもっぱらゴヤーヴだった。

暴力的な優しさ

カメリアは航空エンジニアになり、パリで暮らし始めた。そしてすべてが止まった。母アンヌは癌を患い、退院したときにはすっかりやつれきっていた。ドゥドゥとゴヤーヴはすぐに代わりの使用人を見つけねばならなかった。カメリアは母を引き取り、このアパルトマンで介護している。私が訪問した午後も、アンヌは寝ていた。毎朝訪問介護員が来て、体を洗って身支度を整えてくれる。費用はほぼゴヤーヴとドゥドゥもちだ。アンヌは娘とこの介護員以外の世話や食事を受け付けない。カメリアはため息をついて、「母はいつも女中だったし、これからもそうよ」ともらし、母が作ったハチミツビスケットをかじった。

この話には本書の各章で扱ってきた、富豪に仕える使用人のアンビヴァレンスが凝縮されている。富豪の家で働くことは、使用人に避難所や逃げ道以上のものをもたらす。そこには家族がいて、物質的快適さ、お金、同僚や雇用主との連帯意識、時には愛をも獲得する。一部の使用人は実際に栄達を遂げ、昇進し、経済的、文化的、社会的資本を蓄積できる。閉ざされた富豪の世界は秘密に満ちており、仕事での人間関係は激しい情動を引き起こすが、使用人はよりよい家を求めて定期的に転職する可能性も手にしており、富豪は人手を必要としている。離職は使用人に一時の休息をもたらし、自分たちの希望や労働条件を見直す余地を与えるという意味では、使用人に有利に働く。

カメリアは名門校に通い、勉強を続け、何不自由なく娯楽を享受した。彼女は今でも、ゴヤーヴから新品のスカートを贈られたときの母の微笑みや、最高のディナーを堪能した招待客が何とかして母をスカウトしようとするのを見て、誇らしい気持ちになったことを覚えている。母の指示のもとで働く使用人たちは、頻繁に転職の誘いを受けていた。住んでいたエリアでは駐在家族の出入りが頻繁だったので、よりよい労働条件を交渉するには有利だった。カメリアと母は、過去を振り返って、富豪の家で過ごした優しく穏やかな生活を追憶する。

だが、この優しさは一片の暴力を内包しており、暴力と優しさは本質的に結びついている。それは雇用主のあらゆる希望を満足させ、彼らの快適な生活のために身をすり減らし、彼らの放つ光の影の中に存在を隠されるという暴力であり、雇用主がもたらす富、あるいは自分が所有する富が奪われるという暴力でもある。アンヌは貯金をしていたが、その全額が世話をしてくれる訪問介護員への支払いの一部に充てられた。さらに、女主人はアンヌから母親の役割を奪い、二〇年以上経って初めて、カメリアは母に目を向けるようになった。アンヌには娘の教育、食べ物、服装、話し方に口出しをする権利はなかった。ゴヤーヴは彼女に一時の暇も与えぬよう、女中頭でなくてもできる仕事を次から次へと命じた。こうした支配関係にいくら代償が払われようと、富豪がよきにつけ悪しきにつけ絶えず死守しようとする社会秩序の暴力は少しもやわらがない。この暴力は、使用人職がもたらす恩恵の、暗黙のあるいは公然の条件である。

法と時間の外で

富豪の使用人職におけるゴールデン搾取は、きわめて有利な報酬と無限の労働からなり、「たくさん働いてたくさん稼ぐ」ロジックに組み込まれている。これとは対照的に、その他の家事労働職はフルタイム雇用ではなく、給与も低い。こうした選択肢を前に、使用人は迷う。疲労、苦痛、私生活のなさに耐えて有利な労働条件を選ぶ者もいれば、それなりに休みが取れて激務ではない仕事を希望する者もおり、最終的には自由意志のみに従って、就職を調整しているように見える。

だが構造的不平等という背景に目を向けずに、個々の主観的事実を積み上げるだけでは不充分だ。使用人がいくら高給や高価な現物支給を受けようと、彼らの社会的立場も生活条件も雇用主に劣る事実は変わらない。きわめて好待遇の執事や女中頭は使用人全体の中では少数派で、たいていの使用人は、お世辞にも有利とは言えない待遇条件に甘んじている。使用人の給与が被雇用者の平均をかなり上回っているように見える場合でも、時間給にすれば相当低い。平均的な女中頭は一日一二時間、休日なしで働くが、月給四〇〇〇ユーロ、すなわち時給にすれば約九ユーロになる。使用人は際限なく仕事に没頭するため、現実の人件費は著しく低下する。さらに富豪の使用人として働いても、かならずしも高い月給をもらえるわけでも、賄いや住居やルイ・ヴィトンのバッグを与えられるわけでもない。低賃金、時には小遣い程度で働く場合や、ごくわずかな現物支給しか受けない場合もある。そうなると搾取はゴールデンでさえなく、富豪は、読み書きができず、困窮し、ホームレス一歩手前の不法滞在者を受け入れる自分の寛大さに満足して、それ以上期待を抱かせようともしない。

これが富豪の使用人職の逆説だ。使用人職はいい職業だ。ただし、それはひとえに雇用主の胸三寸にかかっている。だが雇用主は個人向け家事労働セクターでの雇用創出を促す政府に応えて、模範を示すことができるはずだ。莫大な富を有する彼らなら、法定最低賃金以上の給与で、税金控除の上限に頼らずに、フルタイムの正規雇用を創出できるだろう。充分な経済力を持たない中間所得層は、週に数時間雇っている家政婦やベビーシッターにこうした雇用条件を提示できない。しかし富豪はよきにつけ悪しきにつけ、可能性の空間を定義する。というのも、国も法的機関も彼らが創出する雇用を管理しにくいためで、法律に通じた彼らには、巧みに法をかいくぐって都合よく調整する手段があり、社会的資本は彼らに一定の力を付す。彼らは自分たちの望む職を創出し、使用人たちが当局に訴え出ないようにする力を持っている。使用人の立場が社会経済的に脆弱な場合は、赤子の手をひねるも同然だ。多くの人が苦労しながら「個人雇用主」として責任を果たしているのに対し、富豪はどのようにすれば使用人を自由裁量で働かせられるかを心得ている。彼らは仕事や労働力の柔軟性を死守し、使用人の多くは自分たちの得になると信じてこれに追従し、自分たちを顧みずに労働条件を硬直化させているとして政府を糾弾する。

（きわめて）政治的な沈黙

富豪の使用人の間には職業団体も組織的な運動もないため、現場で働く人々は当事者意識を持てるような、そして団結を促すような明確な意識や統一された政治闘争にアクセスできないでいる。毎年六月一六日の家事労働者デーにはパリのトロカデロ広場に少数の使用人たちが集まってデモをするが、組合に加入しているのはほんの一部で、団結の難しさがうかがえる。

だが、彼らは政治意識が一切ないわけでも、労働条件に無関心なわけでも、富豪に何ら不満がないわけでもなく、その発言はしばしば政治色を帯びている。私が会った初めての使用人、本書冒頭に登場したジュヌヴィエーヴに仕えるジェレナは、仕事にも女主人にも満足してはいるが、今まで年金保険料を払わなかったことを後悔していると幾度も口にした。彼女はほぼ全職業人生を通して無申告労働を続け、ジュヌヴィエーヴの家族から、食事も住居も医療も一生負担すると約束されている。彼女は今の部屋に住み続け、ジュヌヴィエーヴの娘カトリーヌは今後若い使用人を雇い、老いたジェレナの面倒を見ることになるだろう。このシナリオはずいぶん前から決まっていたが、それでも「人生に起こる不測の事態」への恐怖は消えない。ジュヌヴィエーヴのこともカトリーヌのことも信頼している。だが詰まるところ、この種の信頼が決して安泰ではないことも、ジェレナは知っている。一生面倒を見るという約束にもかかわらず突然お払い箱になる高齢使用人の話はあちこちで聞く。「私たちを守ってくれる人なんていないのよ。特に私のような女はね」と彼女は心の内を語った。「私のような女」とは、移民、不法滞在者、あるいはフランス国籍を持たない外国人を指し、政府にとってはこうした人々の仕事は存在しないことになっている。ジュヌヴィエーヴとカトリーヌからフランス国籍を取得してあげようと約束されたこともあったが、結局何も起こらなかった。一文無しで学歴もないままフランスにやってきて、めったにない好条件の仕事を与えられたのだから、文句は言えない。けれども会話の端々で、彼女は「すべてを手にしているお金持ち」への苦い感情、自分が彼らの「目に見えない世界」に属しているという感覚を口にした。すなわち使用人の世界であり、陰にいて、毎日他者に仕える移民女性の世界である。

大富豪に仕える使用人は寡黙だ。だが彼らの苦悩は、障害を克服して公的発言と政治闘争の空間に身を投じた他の陰の労働者たちの苦しみと変わらない。イビスホテル〔ヨーロッパを中心に世界各地の都市部に展開するエコノミーホテル）の清掃係の女性たちは、数か月にわたり親会社アコーホテルズグループに対しストライキを実施して、象徴的にも物質的にも一切評価されないまま、掃除をし、他者に仕える厳しい現実を暴露した（二〇二一年五月）。一部の使用人は彼女らに自分を重ねたものの、富豪の使用人は、似たような環境で自分たちと近い仕事をしているこうした人々の戦いをヒントにできるはずなのに、そうしようとしない。富豪の使用人は、こうした人々やその要求とはかけ離れた同僚たちと働いている。

執事、イビスホテルの清掃係の女性、わずかな年金で暮らす老人の世話をする訪問介護員。彼らの間にはいかなる共通点があるのだろう。しかも、雇用主である富豪は彼らの庇護者でもある。アコーホテルズグループは抽象的な雇用者像であり、標的にされやすい。だが富豪の使用人職の世界では、こうした抽象性はずっと薄く、雇用者像は非個人的な団体として具現化されておらず、使用人はつねに雇用主と向き合い、彼らを知り抜いていて、秘密を口外しない。つまり、彼らをひたすら悪者扱いしたり、打倒すべき絶対的な敵のイメージを作り上げたりすることは難しい。というのも使用人と富豪の関係は、彼らが雇用主に抱く感謝の念と恨みの間の緊張の上に立っているためである。近くて遠いきわめて特殊なこの関係こそが、あらゆる集団的な発言や反乱を阻んでいる。一方でこれまで見てきたように、使用人たちは、完璧を自認しながら現実には完璧とはほど遠い富豪に仕えるという共通の経験を（客観的に）共有している。

使用人の負担のない世界は存在しない

富豪は使用人に誠実な愛情を抱いているが、特権を手にしていることに変わりはない。数千人の被雇用者の労働条件や人生の決め手となるカギを独占しているという事実だけでも、それは明らかである。権力を存分に行使できる富豪には不釣り合いなつらい作業を引き受けることが、こうした労働者の主な仕事だ。富豪のカネや、カネがもたらすあらゆる資本は、ほぼ目には見えない知られざる特権に由来し、さらにそれらの特権は、家事労働者の雇用創出に意欲的な政府を後ろ盾に正当性を付与される。富豪は企業でも自宅でも人を雇う「スーパー雇用主」であり、就職が困難な人々のために雇用を創出する。本書の目的は、富豪が「悪者」だと主張することではなく、使用人職、親密な支配、ゴールデン搾取のメカニズムの複雑性や、私生活を犠牲にしたが雇用主のおかげで社会的には成功を収めた使用人の軌跡のアンビヴァレンスの複雑性を明らかにすることである。だが、人に仕えられるという真の階級特権に対し、批判的なまなざしも向けている。権利侵害の可能性があるにもかかわらず、富豪は自分に仕える者たちを好きなように扱える、と。

日常生活で人から奉仕され、手助けされる特権は、経済力のなさからそうしたことができない大多数の人々と比較すれば、常識外れのように思える。政府は補助金支給を通じてこれを一般に広げようとしているが、この制度を利用するには雇用者は労働時間も給与も低く抑えなければならない。これは家事労働者の不安定な雇用を拡大することにしかならず、富豪ほどの資力を持たない者は、「悪い雇用者」にならざるをえない。彼らは家事労働者に頼りきることはできず、年老いた近親者の介護二時間か、子どもの世話一時間か、掃除一時間のどれかを選ばねばならない。もっとも脆弱な庶民階級にとっては、家事労働サービスの利用など想像さえできない。サービスの商品化は家族内、友人、隣人との伝統的な相互扶助関係の構造に取って代わる。そうした構造は社会が個人化するにつれ崩壊するが、その比重は人によって異なる。行政当局は使用人職を市場原理に任せて特権を強化するのではなく、すべての人が利用でき、安定的な雇用を提供し、公務員と同等の保護された地位としかるべき収入をもたらす公共サービスとしての家事労働補佐職を創設できるだろう。

その先は、サービスの理論、生活における家事やケア労働の位置づけ自体が焦点となる。誰もが自身や近親者をめぐり、この問題に直面する。だが家事もケアも無価値な作業で、時間を費やすに値せず、これを担う人々にお金を払う意義もないとの考えは根強く残っている。ある意味、デリバルー、ウーバーイーツ、フリンクなどのフードデリバリーサービスは外部委託された新たなオンデマンド使用人職であり、富豪の特権をより広範な規模で再生産する。こうしたサービスは富豪のためだけのものではなく、人間関係から生じる不都合との距離を保つシステムである。字義的にも比喩的にも生活に不可欠な作業から何としても逃れ、貧者、移民、女性にそれを押しつけることを目指す社会とは、いかなる意味を持つのだろう。こうした耳の痛い、そして根源的な問いに答えるには、富豪の都合だけに合わせたり、家事やケア労働を行う人々を犠牲にしたりすることなく、需要がサービスへと移行する社会の条件を考えねばならない。富豪の側は、使用人職は決して無益ではなく、自分たちには功績もあるし、あらゆるサービスを要求する権利もあると主張し続けるだろう。だが、ほかの多くの人々が同じように考えなければいけない理由は決してないのである。

謝辞

社会学者に会い、家に招き入れ、話すには、時間も信頼も必要だ。インタビューに恐れをなした人、わずかな時間しか割けなかった人も幾人かいるが、私の依頼を受け入れてくださった方全員に謝意を述べたい。とりわけ調査を超えて友人となった使用人たちには感謝している。彼女ら彼らの視点の複雑さを充分に伝えられたことを願うばかりである。

本書は博士号取得のために何年もかけて行った調査の結実であり、この難しい取り組みを指導し、現在に至るまで支援くださっているディディエ・ドゥマジエールにお礼を申し上げる。この論文を査定し、その後の興味深い意見交換をリードしてくださったソフィー・ベルナール、ドミニク・メミ、メラニー・ジャクマン、ミシェル・ラルマン、シャムス・カーンにも感謝している。

本書は博士論文をもとにしているが、内容はかなり変えてある。ポール・パスクアリとファビアン・トゥルオンのおかげで、本質を失うことなく、アカデミックな規準とは対照的な文体が実現できた。社会学を徹底的に解放する記述法や、よりわかりやすい書き方のヒントをくださったご両名にお礼申し上げる。

筆者をフォローしてくださったラ・デクーヴェルト社の編集部、特に再読して適切な指摘をされたマリー＝ソリーヌ・ロワイエに謝意を表したい。的確な助言をいただいたキャロル・ロザノにもお礼申し上げる。

研究は孤独であると同時に共同の冒険でもある。筆者にとって、学生時代に初めて手がけた研究は大切な思い出だ。大学そして高等師範学校で一年生の時からフィールドワークに参加させてくださった教授方に謝意を示したい。PDI〔人類学、歴史学、社会学を通して政治学や経済学など他の専門分野の問題に取り組む学際的アプローチ〕修士の同僚、研究への熱意を共にする方々にもお礼申し上げる。セシル・ルザーヴル、アレクサンドラ・オンデルマルク、アビゲイル・ブルギニョン、ピエール・アレラック、フレデリック・サラン、ジュリアン・ヴィトール、アレクサンドル・ヴァアイエル、カンタン・シュナッペルは方法論的・理論的な共同省察にメリハリと具体性を添えてくださった。

筆者は知的、職業的、人間的な研鑽に極めて有意義な交流の場である研究所に迎えていただいた。組織社会学センター（CSO）のメンバー全員、特にアンヌ＝ロール・ボシエ、マリー＝エマニュエル・シエセル、エミリー・ビラン＝キュリニエ、シルヴァン・ブリュニエ、ソフィー・デュブイソン＝ケリエ、ジャン＝ノエル・ジュゼル、クレール・ルメルシエ、エマニュエル・マルシャル、ジェローム・ペリス、オリヴィエ・ピルミス、ドゥニ・セグレスタンは筆者の博論を再読し、社会学という職業に点在するいくつもの段階や困難を乗り越える手助けをしてくださった。筆者の話に耳を傾け、助言を通して支えてくださったサミア・ベンとヴァレリー・ボネ・ケブッシュには特に感謝している。

使用人を研究する同僚との素晴らしい共同作業も、本書執筆を進めるためのエネルギー源となった。エレーヌ・マラルメ、ラニム・アルシェルタウィ、クリスティーヌ・デロリエに感謝すると共に、今後も共同研究が続くことを祈っている。彼ら彼女らとの「家事労働セミナー」は実り豊かな議論の場であり、この研究対象に関する尽きせぬ省察源となった。このセミナー活動に参加してくださった関係者全員にお礼申し上げる。また書籍発行時や各種研究会、会合で筆者の考察の錬磨に寄与してくださったすべての方に謝意を示したい。

筆者を支え、喜びを共にしてくれるセバスチャン・ビロー、アンナ・エゲア、アメリー・マリサル、リュシル・チュプレエル、ユーグ・ボンヌフォンにも心から感謝している。

アリーヌとマノンの厚い友情、筆者の娘に安心感と愛情を与えてくれるロシダにもお礼を伝えたい。

自分の選んだ道を家族が支持してくれるのはとても幸運なことだ。これまで私を導いてくれた決意と情熱は、彼らのおかげでもある。祖母ダニエルにはこの本を読んでほしかった。

本書が私にとっていかなる意味を持つのかを知っているのはエルヴェだけだ。彼の無条件の愛に感謝したい。

訳者あとがき

　フランスの富豪というと何を思い浮かべるだろうか。南仏の陽光、ヨット、代々受け継がれてきた古城、パリの高級住宅街の洒落たアパルトマン、まぶしいほど華やかな生活。主にフランスの大富豪に仕える使用人を扱った本書（原題 *Servir les riches: Les domestiques chez les grandes fortunes*）は、一見そうした華やかな生活への興味本位の書に見えながら、最終的に「人が人に仕える」とはどういうことなのかという素朴かつ複雑な問いを投げかけている。

　原書では「仕える」は servir という言葉を使っているが、アカデミー・フランセーズによれば、語源であるラテン語 servire は、奴隷であること、奉仕することを意味し、キリスト教ラテン語では崇拝することをも含意する。英語の service（サービス）、servitude（従属）なども語源を同じくしている。仕える、サービス、従属、奉仕、崇拝。こうして並べてみると、それぞれ異なる概念に見えながら、その実共通点もあることに気がつく。というよりも、それぞれの違いが曖昧と言ってもいいかもしれない。この曖昧さこそが、本書で言及されている富豪を含め、私たちが「使用人」の存在を前にしたときに無意識に感じる戸惑いの一因だろう。

　日本では昨今の「おもてなし」ブームからもわかるように、サービスは特殊な意味を持っており、自分を多少犠牲にしてでも相手に奉仕するのがよしとされ、従属関係の色合いも強い。翻ってフランスでは、奴隷制が社会機構を成していたローマ時代はともかく、現代では人に仕える使用人職はあくまで職業の一つであり、対価(給与)と引き換えに雇用主にサービスを提供はするが、従属関係の概念は薄いと言われている。しかし実情はどうだろうか。本書では雇用者の自宅で働く使用人を対象に、富豪にフルタイムで仕える使用人と、ベビーシッターや家事手伝いなど主にパートタイムで働くその他の使用人を分け、前者を研究対象にしているが、その実情がそうした社会通念に必ずしも沿っていないのは明らかである。さらに読み進めていくにつれ、いくつかの疑問がわき上がってくる。現代でも、サービスを提供すること自体は雇用者と被雇用者の従属関係を伴うのか、そもそも雇用・被雇用という関係そのものが、不可避的に従属を形成するのか。持てる者が持たざる者を雇い、仕えさせること、従属させることをどうとらえるべきであるか。従属関係なき雇用・被雇用者関係は可能か、可能としてもそれが正しいと言えるのか。従属関係という言葉には不平等でネガティブな印象が付きまとうが、ではフラットな関係が一概に「正しい」と言えるのだろうか。使用人という切り口一つとっても、労働や社会関係についての様々な疑問が膨らむ。現代でも国レベル、地域レベル、社会レベルで搾取は存在し、社会格差は広がる一方とも言われているが、搾取する富裕層と搾取される労働層という一九世紀の階級闘争的なパターンではもはやこうした問題を把握しきれない。さらに女性、移民、貧困層といったマイノリティにしわ寄せがくるというパターンは、使用人業界においても再現される。

富豪の使用人というテーマは、一見覗き見趣味的なセンセーショナルな内容を予想させ、実際本書に登場する富豪の中には、驚くような暮らしぶりと思考回路の人も少なくない。だが新進の社会学者である筆者は、自らのジェンダーや家庭環境、生活環境も絡めながら、多数の富豪と使用人たちにインタビューをし、自らも使用人として働いた経験を通して、この労働問題を学術的に掘り下げていく。

労働を取り巻く環境はつねに変化にさらされている。たとえば本書後半でも触れられているように、いわゆるギグエコノミーといった新たな働き方は従来の社会の枠組みではとらえきれず、労働者保護が後手に回っている。そもそも本書にも「字義的にも比喩的にも生活に不可欠な作業から何としても逃れ、貧者、移民、女性から仕えられることを目指す社会とは、いかなる意味を持つのだろう」とある通り、誰もがやりたくない仕事や単純労働を、持てる者が持たざる者にさせるという状況に、私たちはどう向き合えるだろうか。筆者は、富豪こそがその財力をもって使用人の待遇を改善し、れっきとした一職業にできるはずだと主張する。さらに、市場原理にのみ頼るのではなく、政府も介入して積極的に雇用創出と待遇改善を行うことで、公共サービスとしての家事労働補助職を創設すべきであるとも論じている。

翻って日本に目を向ければ、大富豪の使用人職は一般的ではないものの、昨今の社会状況を見れば外国から労働者を受け入れざるを得ないことは明らかであり、現実にそうなりつつある。その顕著な例が、高齢者介護であろう。外国人を「労働者」として受け入れたのちに、彼らとどのように共生するかは今後の日本が抱えるきわめて大きな課題となろう。そうしたとき、仕える側と仕えられる側の両方の話に耳を傾けて書かれた本書は、一つのヒントになるのではないか。

言葉について説明しておきたい。本書では主に「使用人」という言葉を使い、文脈に応じて「女中」「家政婦」等の言葉も使っている。現代日本ではこれらの言葉には蔑称的な響きもあり、抵抗を感じられる方もいらっしゃるだろう。フランスでも昨今はdomestique(使用人)やbonne(女中)といった言葉は公にはほとんど使われないが、あえてこの言葉を使った著者の意図と、この本に叙述されている現実に鑑みて使用した。

最後になったが、本書をいち早く評価し、多くの的確な助言、提案をしてくださった編集者の吉住亜矢さん、邦訳に際し惜しみなく協力くださったフランス著作権事務所のダルトア・ミリアンさん、そしてこの本を手に取ってくださった読者の皆様に心からのお礼を申し上げたい。本書が労働に関する考察の一つのきっかけとなれば幸いである。

二〇二三年五月

ダコスタ吉村花子

PUR, Paris, 2018.

5 Lydia Lecher, *Bienvenue chez les riches*, Michel Laffont, Paris, 2016.

6 Fabien Truong, *Jeunesse française : Bac + 5 made in banlieue*, La Découverte, Paris, 2015.

7 Shireen Ally, *From Servants to Workers : South African Domestic Workers and the Democratic State*, Cornell University Press, New York, 2009.

8 Bruno Cousin et Sébastien Chauvin, « L'entre-soi élitaire à Saint-Barthélemy », *Ethnologie française*, vol. 42, n° 2, 2012, p. 335-345.

9 Priscilla Claeys et Audrey Richard-Ferroudji, «Les expatrié·e·s face à leurs employé·e·s domestiques à Pondichéry (Inde). Entre maternalisme, libéralisme, racisme et solidarité », *Revue internationale des études du développement*, vol. 2, n° 246, 2021, p. 121-149.

10 Juliette Rennes (dir.), *Encyclopédie critique du genre. Corps, sexualité, rapports sociaux*, La Découverte, Paris, 2016.

11 François-Xavier Devetter et Florence Jany-Catrice, « L'invention d'un secteur et ses conséquences socio-économiques : les politiques de soutien aux services à la personne », *Politiques et management public*, vol. 27, n° 2, 2010, p. 75-101.

12 Alizée Delpierre, « De la bonne au majordome. Contrôle des corps et des relations entre les sexes dans la domesticité élitaire », *Sociologie du travail*, vol. 61, n° 3 [en ligne], 2019.

p. 77-98.

5 Fonds d'archives de l'ACI déposé aux archives du Centre national des archives de l'Église de France (CNAEF). Boîte 13LA 146-12388-1953 à 1957 : Notes de lecture. 1953-1954 : Enquête vie de travail.

6 Isabelle Puech, « Genèse de la convention collective des employés de maison (1930-1951). La mobilisation des employeuses pour la reconnaissance du travail domestique en France », *L'Homme et la Société*, vol. 21, n° 214-215, 2022, p. 31-50.

7 Carole Pateman et Charles W. Mills, *Contract and Domination*, Polity Press, Cambridge, 2007.

8 Pascale Molinier, « Des féministes et de leurs femmes de ménage : entre réciprocité du care et souhait de dépersonnalisation », *Multitudes*, vol. 37-38, n° 2, 2009, p. 113-121 ; Elsa Dorlin (dir.), *Sexe, race, classe. Pour une épistémologie de la domination*, PUF, Paris, 2009.

9 Alizée Delpierre, « The price of "golden exploitation". How money flows from the super-rich to domestic workers support inequalities », *Socio-Economic Review*, 28 septembre 2021.

10 Jérôme Pélisse et Shauhin Talesh, « How legal intermediaries facilitate or inhibit social change », *Studies in Law, Politics and Society*, vol. 79, 2019, p. 111-145.

11 Alizée Delpierre, « Faire comme l'aristocratie ? Le placement des majordomes chez les nouvelles fortunes », *Actes de la recherche en sciences sociales*, vol. 5, n° 230, 2019, p. 92-107 ; « "Blanchir" la domesticité. La reproduction des hiérarchies de race, de classe et de sexe dans la production d'un personnel de luxe en Afrique du Sud », *Politique africaine*, vol. 2, n° 154, 2019, p. 95-119.

第六章

(p. 193-225)

1 Antoinette Fauve-Chamoux, *Domestic Service and the Formation of European Identity. Understanding the Globalization of Domestic Work, 16th-21st Centuries*, Peter Lang, Bern, 2004.

2 Alizée Delpierre, « Les "bons" corps de la domesticité. Recrutements physiques et jugements esthétiques du personnel de maison des grandes fortunes », *Genèses*, vol. 2, n° 123, 2021, p. 8-27.

3 Ranime Alsheltawy et Alizée Delpierre, « Introduction. Petites et grandes résistances dans les domesticités », *L'Homme et la Société*, vol. 1, n° 214, 2021.

4 Amin Allal, Myriam Catusse et Montserrat Emperador Badimon (dir.). *Quand l'industrie proteste*,

8 Christelle Avril, *Les Aides à domicile : un autre monde populaire*, La Dispute, Paris, 2014.

9 Alizée Delpierre et François-Xavier Devetter, « Un travail sous silence. La mobilisation collective des travailleurs domestiques est-elle impossible ? », in Claire Vivès (dir.), *Le Travail en luttes. Résistances, conflictualités et actions collectives*, Octarès, Toulouse, à paraître.

10 Armelle Giglio-Jacquemot, *Nice, bonne au Brésil,* R & O Multimédia, France-Brésil, 2009.

11 Florence Jany-Catrice, « Mise en visibilité statistique des emplois dans les services à la personne », *La Revue de l'Ires,* vol. 3, n° 78, 2013, p. 25-49.

12 Bruno Cousin et Anne Lambert, « Grandes fortunes et service personnels », *Actes de la recherche en sciences sociales,* n° 230, 2019, p. 4-11.

13 Christelle Avril, « Secrétaires, des domestiques comme les autres ? », *Mélanges de l'École française de Rome –Italie et Méditerranée modernes et contemporaines*, vol. 131, n° 1, 2019, p. 153-168.

14 Thibaut Menoux et Camille Noûs, « Les deux corps au travail dans les services de luxe. Enjeux physiques de la représentation chez les concierges d'hôtel », *Sociétés contemporaines*, vol. 1, n° 117, 2020, p. 47-71.

15 Alizée Delpierre, « "Cette fois, la ligne rouge a été franchie". Conflits et ruptures de la relation de service dans la domesticité élitaire », *La Nouvelle Revue du travail* [en ligne], 2019.

16 Claudette Lacelle, *Les Domestiques en milieu urbain canadien au xix*[e] *siècle, Lieux et parcs historiques nationaux*, Environnement Canada, Ottawa, 1987, p. 189-190.

17 Maria Arondo, *Moi, la bonne,* Stock, Paris, 1975.

第五章

(p. 165-192)

1 Doan Bui, « "Madame me faisait porter des couches" : l'histoire de Damien, trente et un ans, ex-bonne », *L'Obs* [en ligne], 25 août 2015.

2 Romain Boulho, « "J'étais coincé là-bas" : le huis clos terrible de Méthode Sindayigaya, réduit en esclavage », *Libération*, 18 février 2021.

3 Pierre Lascoumes et Carla Nagels, *Sociologie des élites délinquantes. De la criminalité en col blanc à la corruption politique*, Armand Colin, Paris, 2014.

4 Karine Vasselin, « Faire le ménage : de la condition domestique à la revendication d'une professionnalité », in Françoise Piotet (dir.), *La Révolution des métiers*, PUF, Paris, 2002,

18 Nicolas Renahy et Pierre-Emmanuel Sorignet, « Introduction. Pour une sociologie du mépris de classe. L'économie des affects au cœur de la domination », art. cité.

19 社会学における「人種」という言葉の使い方については以下を参照：Sarah Mazouz, *Race,* Anamosa, Paris, 2020.

20 Nicolas Jounin, *Chantier interdit au public. Enquête parmi les travailleurs du bâtiment,* La Découverte, Paris, 2008.

21 Caroline Ibos, *Qui gardera nos enfants ? Les nounous et les mères,* Flammarion, Paris, 2012.

22 Wilfried Lignier et Julie Pagis, « Le dégoût des autres », *Genèses,* vol. 3, n° 96, p. 2-8, 2014. 階級における知覚的嫌悪の歴史については以下を参照：Alain Corbin, *Le Miasme et la Jonquille. L'odorat et l'imaginaire social (xviiiᵉ-xixᵉ siècles),* Flammarion, Paris, 2016〔アラン・コルバン／山田登世子・鹿島茂訳『においの歴史』新評論，1988 年／藤原書店，1990 年〕。

23 Lila Belkacem, Amélie Le Renard et Myriam Paris, « Race », in Juliette Rennes, *Encyclopédie critique du genre,* La Découverte, Paris, 2021, p. 643-653.

第四章

（p. 127-163）

1 Anne-Chantal Hardy, « Donner, recevoir et rendre: réflexion sur les règles de l'échange sociologique », *¿Interrogations?,* n°13 [en ligne], 2011.

2 Wilfried Lignier, « Implications ethnographiques », *Genèses,* vol. 1, n° 90, 2013, p. 2-6.

3 Anne Monjaret et Catherine Pugeault (dir.), *Le Sexe de l'enquête. Approches sociologiques et anthropologiques,* ENS Éditions, Paris, 2014.

4 Geneviève Cresson et Nicole Gadrey, « Entre famille et métier : le travail du care », *Nouvelles Questions féministes,* vol. 23, 2004, n° 3, p. 26-41.

5 Yamila Simonovsky et Malte Luebker, « Estimations mondiales et régionales concernant les travailleurs domestiques », in OIT, *Travail domestique, Note d'information n° 4. Programme des conditions de travail et d'emploi,* 2013.

6 Félicie Drouilleau-Gay, *Secrets de familles. Parenté et emploi domestique à Bogota (Colombie, 1950-2010),* Pétra, Paris, 2019.

7 Arlie R. Hochschild, « Le nouvel or du monde », *Nouvelles Questions féministes,* vol. 23, n° 3, 2004, p. 59-74.

2021.

3 この件については以下を参照：Olivia Killias, *Follow the Maid. Domestic Workers in and from Indonesia*, Nias Press, Copenhague, 2018.

4 Amélie Le Renard, *Le Privilège occidental. Travail, intimité et hiérarchies postcoloniales à Dubaï*, Les Presses de Sciences Po, Paris, 2019.

5 Sarah Mazouz, «Les mots pour le dire. La qualification raciale, du terrain à l'écriture», in Didier Fassin et Alban Bensa (dir.), *Les Politiques de l'enquête. Épreuves ethnographiques*, La Découverte, Paris, 2008, p. 81-98.

6 Marie Bergström, *Les Nouvelles Lois de l'amour. Sexualité, couple et rencontres au temps du numérique*, La Découverte, Paris, 2019.

7 Gabrielle Schütz, *Jeunes, jolies et sous-traitées : les hôtesses d'accueil*, La Dispute, Paris, 2018 ; Julien Debonneville, «Always wear a smile on your face!», *Journal des anthropologues*, vol. 3, n° 5, p. 51-77.

8 Anne Lambert, « Apprendre à servir et aimer servir. Les hôtesses de l'air en première classe», *Actes de la recherche en sciences sociales*, vol. 5, n° 230, 2019, p. 36-55.

9 Pierre-Emmanuel Sorignet, *Danser. Enquête dans les coulisses d'une vocation*, La Découverte, Paris, 2012.

10 特に企業において。以下を参照：Emmanuel Marchal, *Les Embarras des recruteurs. Enquête sur le marché du travail*, EHESS, Paris, 2015.

11 Gabrielle Schütz, *Jeunes, jolies et sous-payées : les hôtesses d'accueil, op. cit.*

12 Ashley Mears, *Pricing Beauty : the Making of a Fashion Model*, University of California Press, Berkeley, 2011 ; Giulia Mensitieri, *« Le plus beau métier du monde ». Dans les coulisses de l'industrie de la mode*, La Découverte, Paris, 2018.

13 Oumaya Hidri, « Se forger une apparence "recrutable" : une stratégie d'insertion professionnelle des étudiant(e)s», *Travailler*, vol. 20, n° 2, p. 99-122, 2008.

14 以下を参照：Amélie Le Renard, *Le Privilège occidental, op. cit.*

15 Dominique Memmi, « Une situation sans issues ? Le difficile face-à-face entre maîtres et domestiques dans le cinéma anglais et français», *Cahiers du genre*, vol. 35, n° 2, p. 209-235, 2003.

16 Rachel Sherman, *Class Act. Service and Inequality in Luxury Hotels*, University of California Press, Berkeley, 2007.

17 Alizée Delpierre, «Les"bons"corps de la domesticité. Recrutements physiques et jugements esthétiques du personnel de maison des grandes fortunes», *Genèses*, vol. 2, n° 123, 2021, p. 8-27.

vol. 3, n° 119, 2020, p. 5-32.

13 Norbert Elias, *La Société de cour,* Calmann-Lévy, Paris, 1974 [1969]〔ノルベルト・エリアス／波田節夫・中埜芳之・吉田正勝訳『宮廷社会』法政大学出版局，1981 年〕; Thorstein Veblen, *Théorie de la classe de loisir,* Gallimard, Paris, 2014 [1899]〔ソースタイン・ヴェブレン／J・K・ガルブレイス序文／村井章子訳『有閑階級の理論』新版，ちくま学芸文庫，2016 年〕。

14 Margot Béal, *Des champs aux cuisines. Histoire de la domesticité en Rhône et Loire,* 1848-1940, ENS Éditions, Paris, 2019.

15 Natacha Borgeaud-Garciandia et Bruno Lautier, « La personnalisation de la relation de domination au travail : les ouvrières des maquilas et les employées domestiques en Amérique latine », *Actuel Marx,* vol. 1, n° 49, 2011, p. 104-120.

16 Aurélie Chatenet, « La femme, maîtresse de maison ? Rôle et place des femmes dans les ouvrages d'économie domestique au xviiie siècle », *Histoire, économie & société,* vol. 4 (28e année), 2009, p. 21-34.

17 Judith Rollins, « Entre femmes. Les domestiques et leurs patronnes », art. cité.

18 Jules Falquet, Helena Hirata, Danièle Kergoat, Brahim Labari, Nicky Le Feuvre et Fatou Sow (dir.), *Le Sexe de la mondialisation. Genre, classe, race et nouvelle division du travail,* Presses de Sciences Po, Paris, 2010.

19 Christine Delphy, *L'Ennemi principal,* vol. 1 : *Économie politique du patriarcat,* et vol. 2 : *Penser le genre,* Syllepse, Paris, 1997 et 2001.

20 フランスのフェミニズム闘争史については以下を参照：Bibia Pavard, Florence Rochefort et Michelle Zancarini-Fournel, *Ne nous libérez pas, on s'en charge. Une histoire des féminismes de 1789 à nos jours,* La Découverte, Paris, 2020.

第三章

(p. 95-126)

1 Rhacel S. Parreñas, *Servants of Globalization : Women, Migration, and Domestic Work,* Stanford University Press, Stanford, 2001. フィリピン移民の使用人に関する研究は数多くある。フランスにおけるフィリピン人女性については以下を参照：Liane Mozère, « Des domestiques philippines à Paris. Un marché mondial de la domesticité défini en termes de genre ? », *Journal des anthropologues,* n° 96-97, 2004, p. 291-319.

2 Julien Debonneville, *Servitude et mondialisation. Les domestiques philippines,* Hémisphère Éditions, Paris,

第二章

(p. 61-93)

1 Pierre Guiral et Guy Thuillier, *La Vie quotidienne des domestiques en France au xixe siècle,* Hachette, Paris, 1978.

2 Kévin Geay, *Enquête sur les bourgeois. Aux marges des beaux quartiers*, Fayard, Paris, 2019.

3 Bruno Cousin, Shamus Khan et Ashley Mears, « Theoretical and methodological pathways for research on elites », *Socio-Economic Review*, 16 (2), 2018, p. 225-249.

4 Cissie Fairchilds, « Masters and servants in eighteenth century Toulouse », *Journal of Social History*, vol. 12 (3), 1979, p. 368-393 ; Sophie de Laverny, *Les Domestiques commensaux du roi de France au xviie siècle*, Presse de l'université Paris-Sorbonne, Paris, 2003.

5 ジャーナリスト，イクシェル・ドラポルトは付き添い女性の職を「実体験」して，この件に関する調査を行った。Ixchel Delaporte, *Dame de compagnie. En immersion au pays de la vieillesse*, Le Rouergue, Paris, 2021.

6 Fonds d'archives de l'ACI, déposés à la CNAEF. Boîte 13 LA168-1966 I, notes de lecture, «Enquête de février sur les biens», février 1966.

7 Anne-Catherine Wagner, «Mariages assortis et logiques de l'entre-soi dans l'aristocratie et dans la haute bourgeoisie», *Migrations Société,* vol. 5, n° 119, p. 229-242 ; Bruno Cousin et Sébastien Chauvin, « Old money, networks and distinction. The social and service clubs of Milan's upper classes», in Ray Forrest et al. (dir.), *Cities and the Super-Rich: Real Estate, Elite Practices, and Urban Political Economies*, Palgrave Macmillan, New York, 2017, p. 147-165.

8 Anne Martin-Fugier, *La Place des bonnes, op. cit.*

9 Bruno Cousin et Sébastien Chauvin, «Grands cercles et sociabilité des élites mondiales », in Bertrand Badie et Dominique Vidal (dir.), *Qui gouverne le monde ? L'état du monde*, La Découverte, Paris, 2016, p. 186-193.

10 Branko Milanovic, *Inégalités mondiales. Le destin des classes moyennes, les ultra-riches et l'égalité des chances*, La Découverte, Paris, 2019.

11 Michel Pinçon et Monique Pinçon-Charlot, *Châteaux et châtelains. Les siècles passent, le symbole demeure*, Anne Carrière, Paris, 2005.

12 Nicolas Renahy et Pierre-Emanuel Sorignet, «Introduction. Pour une sociologie du mépris de classe. L'économie des affects au cœur de la domination», *Sociétés contemporaines,*

quartiers, La Découverte, Paris, 1989.

5 Thibaut Menoux, « Can the subaltern gaze ? Esthétique du regard de classe des employé·e·s des services de luxe », *Poli. Politique de l'image*, n° 14, 2018, p. 100-111.

6 Judith Rollins, « Entre femmes. Les domestiques et leurs patronnes », *Actes de la recherche en sciences sociales*, vol. 84, 1990, p. 63-77.

7 Dominique Vidal, *Les Bonnes de Rio. Emploi domestique et société démocratique au Brésil*, Septentrion, Villeneuve-d'Ascq, 2007.

8 François-Xavier Devetter, Florence Jany-Catrice et Thierry Ribault, *Les Services à la personne*, La Découverte, Paris, 2009 ; Clément Carbonnier et Nathalie Morel, *Le Retour des domestiques*, Seuil, Paris, 2018.

9 Mélanie Jacquemin, *« Petites Bonnes » d'Abidjan*, L'Harmattan, Paris, 2012.

10 Pierre Bourdieu, *Raisons pratiques*, Seuil, Paris, 2014 [1994]〔ピエール・ブルデュー／加藤晴久訳『実践理性』藤原書店，2007 年〕。

11 この件については，労働省統計研究所の調査・研究・統計推進局（DARES）の最新報告を参照：Dares, « Les salariés des services à la personne : comment évoluent leurs conditions de travail et d'emploi ?, *Dares Analyses*, n° 38, août 2018.

12 Abdelmalek Sayad, *La Double Absence. Des illusions de l'émigré aux souffrances de l'immigré*, Seuil, Paris, 1999 ; Simeng Wang, *Illusions et souffrances. Les migrants chinois à Paris*, Éditions Rue d'Ulm, Paris, 2017.

13 Smaïn Laacher, *Ce qu'immigrer veut dire. Idées reçues sur l'immigration*, Le Cavalier Bleu Éditions, Paris, 2016.

14 Michel Pinçon et Monique Pinçon-Charlot, *Grandes Fortunes. Dynasties familiales et formes de richesse en France*, Payot & Rivages, Paris, 1996.

15 Anne Martin-Fugier, *La Place des bonnes. La domesticité féminine à Paris en 1900*, Perrin, Paris, 2004 [1979].

16 Liliane Bernardo, « La place des sentiments dans l'aide professionnelle de gré à gré », in Séverine Gojard et al., *Charges de famille. Dépendance et parenté dans la France contemporaine*, La Découverte, Paris, 2003, p. 362-389.

17 Pierre Bourdieu, *Le Sens pratique*, Les Éditions de Minuit, Paris, 1980〔ピエール・ブルデュー／今村仁司他訳『実践感覚』新装版，全 2 冊，みすず書房，2018 年〕。

Alice Bavard, «Le cercle aristocratique dans la France bourgeoise 1880-1939», *Histoire, économie & société*, vol. 1, 30ᵉ année, p. 35-99.

24 Cyril Grange, *Les Gens du Bottin Mondain. 1903-1987. Y être, c'est en être*, Fayard, Paris, 1996.

25 Stéphanie Vermeersch, «Bien vivre au-delà du "périph" : les compromis des classes moyennes», *Sociétés contemporaines*, vol. 3, n° 83, 2011, p. 31-154.

26 Bernard Lahire. *La Culture des individus. Dissonances culturelles et distinction de soi*, La Découverte, Paris, 2004.

27 Christine Mennesson et al., « Forger sa volonté ou s'exprimer : les usages socialement différenciés des pratiques physiques et sportives enfantines », *Sociologie*, vol. 7, n° 4, p. 393-412.

28 Sylvain Laurens, « "Pourquoi" et "Comment" poser les questions qui fâchent ? Réflexions sur les dilemmes récurrents que posent les entretiens avec des « imposants », *Genèses*, vol. 4, n° 69, p. 112-127.

29 Anne Monjaret et Catherine Pugeault (dir.), *Le Sexe de l'enquête. Approches sociologiques et anthropologiques*, ENS Éditions, Paris, 2014.

30 Kazuo Ishiguro, *Les Vestiges du jour*, Presses de la Renaissance, Paris, 1990 [1989]〔カズオ・イシグロ／土屋政雄訳『日の名残り』ハヤカワepi文庫，2001年〕。

31 Dominique Memmi, « Mai 68 ou la crise de la domination rapprochée», in Dominique Dammame et al., *Mai-Juin 68*, Éditions de l'Atelier, Paris, 2008, p. 35-46 ; Dominique Memmi, Bruno Cousin et Anne Lambert, «Servir (chez) les autres. Pérennité et mutations de la domination rapprochée », (*Actes de la recherche en sciences sociales,* vol. 5, n° 230, p. 108-119), art. cit.

第一章
(p. 35-60)

1 Didier Demazière, « L'entretien de recherche et ses conditions de réalisation. Variété des sujets enquêtés et des objets de l'enquête », *Sur le journalisme*, Université libre de Bruxelles, vol. 1, n° 1, 2012, p. 30-39.

2 Pierre Bourdieu, « L'illusion biographique », *Actes de la recherche en sciences sociales*, n° 62-63, 1996, p. 69-72.

3 Bruno Cousin et Sébastien Chauvin, « Vers une hyper-bourgeoisie mondialisée ? », in Fondation Copernic (dir.), *Manuel indocile de sciences sociales. Pour des savoirs résistants*, La Découverte, Paris, 2019, p. 640-649.

4 Michel Pinçon et Monique Pinçon-Charlot, *Dans les beaux*

recherche en sciences sociales, vol. 5, n° 230, 2019, p. 108-119.

11 Florence Weber, « La déontologie ethnographique à l'épreuve du documentaire », *Revue de synthèse*, vol. 132, n° 3, 2011, p. 325-349.

12 Bruno Cousin, Shamus Khan et Ashley Mears, « Theoretical and methodologyical pathways for research on elites », *Socio- Economic Review*, vol. 16, n° 2, 2018, p. 225-249.

13 ケヴィン・ゲイはブルジョワの政治との関係に関する研究で，フランスの由緒ある（大）ブルジョワが体面を保つため，ニューリッチの国際化された（とりわけ教育面における）行動を「取り入れねばならない」ことを明らかにした。Kevin Geay, *Enquête chez les bourgeois*, Fayard, Paris, 2019.

14 Christelle Avril, *Les Aides à domicile. Un autre monde populaire*, La Dispute, Paris, 2014.

15 Viviana A. Zelizer, *The Purchase of Intimacy*, Princeton University Press, Princeton, 2005.

16 Michel Pinçon et Monique Pinçon-Charlot, *Nouveaux Patrons, nouvelles dynasties*, Calmann-Lévy, Paris, 1999〔なお本書では参照されないが，パンソン夫妻の著作の邦訳として『パリの万華鏡』（原書房，2006 年），原案を担当したバンドデシネ『リッチな人々』（花伝社，2020 年）が刊行されている〕; Anne-Catherine Wagner, « Les classes dominantes à l'épreuve de la mondialisation », *Actes de la recherche en sciences sociales*, vol. 5, n° 190, 2011, p. 4-9 ; Sylvain Laurens, *Les Courtiers du capitalisme*, Agone, Marseille, 2015.

17 François-Xavier Devetter et Julie Valentin, *Deux Millions de travailleurs et des poussières. L'avenir des emplois du nettoyage dans une société juste*, Les Petits Matins, Paris, 2021.

18 以下も参照：Chancel, Thomas Piketty, Emmanuel Saez et Gabriel Zucman (dir.), *Rapport sur les inégalités mondiales 2022*, Seuil, Paris, 2022.

19 Leïla Slimani, *Chanson douce*, Gallimard, Paris, 2016.

20 Jean Genet, *Les Bonnes*, Folio, Paris, 1978 [1947].

21 レイラ・スリマニの小説については以下を参照：Alizée Delpierre, « Disparaître pour servir : les nounous ont- elles un corps ? », *L'Homme & la Société*, vol. 1-2, n° 203-204, 2017, p. 261-270.

22 Michel Pinçon et Monique Pinçon-Charlot, *Les Ghettos du Gotha. Comment la bourgeoisie défend ses espaces*, Seuil, Paris, 2007.

23 Éric Mension-Rigau, « La noblesse et le Jockey Club », in Marc Fumaroli et al. (dir.), *Élites et sociabilités en France*, Perrin, Paris, 2003, p. 35-41 ;

原註

序論

(p. 5-34)

1 Jean-Pierre Robin, « Le grand retour des domestiques dans la société française», *Le Figaro,* 3 décembre 2018.

2 Jennifer N. Fish, *Domestic Workers of the World Unite !*, New York University Press, New York, 2017.

3 Margot Béal, *Des champs aux cuisines. Histoire de la domesticité en Rhône et Loire, 1848-1940*, ENS Éditions, Paris, 2019; Jacquelin Martin-Huan, *La Longue Marche des domestiques en France, du xixe siècle à nos jours*, Opéra, Paris, 1997.

4 Alain Ruggiero, «La bourgeoisie niçoise au milieu du xixe siècle. Essai de caractérisation», *Cahiers de la Méditerranée*, n° 46-47, 1993, p. 85-95.

5 Anne Martin-Fugier, *La Place des bonnes. La domesticité féminine à Paris en 1900*, Grasset & Fasquelle, Paris, 1979.

6 Pierre Guiral et Guy Thuillier, *La Vie quotidienne des domestiques en France au xixe siècle*, Hachette, Paris, 1978; Karine Vasselin, «Faire le ménage: de la condition domestique à la revendication d'une professionnalité», in Françoise Piotet (dir.), *La Révolution des métiers*, PUF, Paris, 2002, p. 77-98.

7 International Labour Organization (ILO), *Making Decent Work a Reality for Domestic Workers. Progress and Prospects Ten Years After the Adoption of the Domestic Workers Convention, 2011 (n° 189)*, Genève, 2021 ; Dares, *Rapport sur les services à la personne, Dares Résultats*, n° 70, décembre 2021.

8 Clément Carbonnier et Nathalie Morel, *Le Retour des domestiques*, Seuil, Paris, 2018; François-Xavier Devetter et Sandrine Rousseau, *Du balai. Essai sur le ménage à domicile et le retour de la domesticité*, Raisons d'Agir, Paris, 2011.

9 この件の要約はル・モンド紙の以下の記事参照：«Décodeurs» Samuel Laurent, «Si vous n'avez rien suivi à l'affaire Bettencourt», *Le Monde*, 26 janvier 2015.

10 Dominique Memmi, Bruno Cousin et Anne Lambert, « Servir (chez) les autres. Pérennité et mutations de la domination rapprochée », *Actes de la*

【訳者】ダコスタ吉村花子

翻訳家。明治学院大学文学部フランス文学科，リモージュ大学歴史学 DEA 修了。18 世紀フランス，アンシャン・レジームを専門とする。主な訳書にダン・ジョーンズ『十字軍全史』（河出書房新社，2022 年），エヴリン・ファー『マリー・アントワネットの暗号』（河出書房新社，2018 年），クリスチャン・サルモン『道化師政治家の時代』（原書房，2023 年），エリザベート・バダンテール『女帝そして母，マリア・テレジア』（原書房，2022 年）などがある。

富豪に仕える
華やかな消費世界を支える陰の労働者たち

2023 年 10 月 27 日　初版第 1 刷発行

著　者　アリゼ・デルピエール
訳　者　ダコスタ吉村花子
発行者　武　市　一　幸

発行所　株式会社　新　評　論

〒169-0051 東京都新宿区西早稲田 3-16-28
http://www.shinhyoron.co.jp

電話　03（3202）7391
FAX　03（3202）5832
振替　00160-1-113487

定価はカバーに表示してあります
落丁・乱丁本はお取り替えします

装丁　山田英春
印刷　理想社
製本　中永製本所

ISBN978-4-7948-1250-6
Printed in Japan

ドクターファンタスティポ★嶋守さやか

虐待被害者という勿《なか》れ　虐待サバイバーという生き方

怒っていい、怖がっていい、気づいて、逃げよう！ 5名の「サバイバー」たちの紡ぐ言葉に真摯に耳を傾けることから始まる変革への道。被虐児とその親、行政職員、「児童虐待」の暴力に晒されているすべての人におくる証言集。

［四六並製　236頁　2,200円］

BRIS＋モニカ・ホルム 編／谷沢英夫 訳／平田修三 解説

子どもの悲しみとトラウマ　津波被害後に行われたグループによる支援活動

2005年スマトラ島沖大地震の際、クリスマス休暇でタイのプーケットを訪れていた543名のスウェーデン人が津波で命を落とした。その遺児たちのグループ支援法に、震災で深い心の傷を負った子どもたちのケアの要諦を学ぶ。

［四六並製　248頁　2,420円］

下竹亮志

運動部活動の社会学　「規律」と「自主性」をめぐる言説と実践

「ブラック部活」はなぜ生まれるのか？指導者の言説と生徒の実践を素材に、昭和の時代から日本人を魅了してやまないスポーツの魅力の源泉を分析し、「若者とスポーツと日本社会」の関連性を深く読み解く社会学の野心的試み。

［四六並製　344頁　3,080円］

山本利枝　渡辺梨沙　松本有貴　マイケル・E・バーナード

レジリエンスを育てよう　子どもの問題を予防・軽減する YOU CAN DO IT！

不登校、いじめ、自殺、虐待、引きこもり、うつ…子どもたちがさまざまな困難に直面している今、教育にも「事後ではなく予防」の考え方を！ 子ども自らが辛さを乗りこえ回復していく力を育むオーストラリア発の最新教育実践。

［四六並製　238頁　2,420円］

工藤定次・工藤姫子

さらば寂しすぎる教育　福生市・タメ塾の記録

1977年の開講以来、「付き合い切る」をモットーに、「落ちこぼれ」や「引きこもり」を励まし、支え続けた伝説の学習塾がいま蘇る！ 時を超えて教育界、ひいては日本社会にさまざまな示唆を与える逸話の数々。感動の名著再生。

［四六並製　274頁　2,420円］

【表示価格：税込定価】

J=C・コフマン／保坂幸博＋マリーフランス・デルモン 訳

料理をするとはどういうことか　愛と危機

料理、台所、買い物、味覚、ダイエット、夫婦・家族の会話、TVディナー…丹念なアンケート調査を通じて日常茶飯の事象の中に分け入り、食卓空間に映し出される現代の家庭／家族の実態、人間性の深奥に迫る社会学の挑戦。

［四六上製　416頁　3,520円］

J=C・コフマン／藤田真利子 訳

女の身体、男の視線　浜辺とトップレスの社会学

リゾートではありふれた光景となった「トップレス」。女性が裸の胸を見せるというこの行為は、自由と解放と個人主義の究極の結果なのか？「日常生活の社会学者」が浜辺に潜む規律・排除・抑制のメカニズムを解き明かす。

［四六上製　352頁　3,080円］

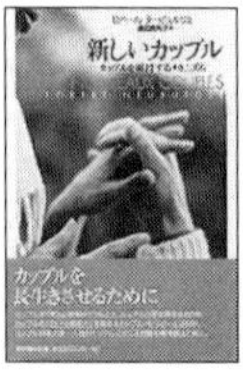

R・ヌービュルジェ／藤田真利子 訳

新しいカップル　カップルを維持するメカニズム

ある調査によれば、カップルの平均寿命は約9年。長続きの秘訣はどこにあるのか、「自己治癒能力」を高めるカップル・セラピーとは何か。カップル研究の第一人者が、二人の間に生起するさまざまな問題を精神療法で解決する。

［四六上製　216頁　2,200円］

G・ジョーンズ＆C・ウォーレス／宮本みち子 監訳

若者はなぜ大人になれないのか［第2版］　家族・国家・シティズンシップ

ライフコースの個人化・流動化のもとで、青年の自立をどう支援していくかは世界共通の古くて新しい課題。日経・朝日・産経など各紙絶賛のロングセラー、待望の第2版（初版での訳文上の不備を細部にわたり修正）。

［四六上製　308頁　3,080円］

入江公康

増補版 現代社会用語集

157のアクチュアルなキーワードを手に、コロナ禍中／後、戦中／戦後、気候危機 etc.を思考しつつ街へ、森へくりだそう！「社会」を学びたい若者のバイブル、初版後3年間の激動をふまえ最新キーワードを追補した待望の新版。

［四六上製　240頁　2,200円］

【表示価格：税込定価】